미국의 중동정책과
묵시 종말론

요한묵시록의 희망 이야기

The Rapture Exposed :
the Message of Hope in the Book of Revelation

미국의 중동정책과 묵시 종말론

요한묵시록의 희망 이야기

The Rapture Exposed :
the Message of Hope in the Book of Revelation

바바라 로싱 지음 | 김명수 · 김진양 옮김

경성대학교 출판부

차 례

옮긴이의 머리말

고전을 해석한다는 것은 무엇을 의미하는가? 성서와 같은 고전은 현대인들의 삶의 한 가운데서 윤리적, 종교적, 그리고 철학적 지표로 막대한 영향력을 행사한다. 폴 리쾨르(Paul Ricouer)는 고전을 해석하는 작업을 다음과 같이 명쾌히 설명한다: "해석학은 고대문헌이라는 거울을 통하여 현실의 삶을 판독하는 것이다."[1] 고전을 판독하는 것이 해석이라고 한다면, 판독은 언제나 위험이 따른다. 고전에 대한 잘못된 판독은 현실의 문제를 더욱 복잡하게 만들 수도 있다. 왜냐하면 판독이라는 작업은 단순히 고어에서 현대어로 번역한다거나 고대인의 세계관을 현대인의 세계관과 동일시하는 단순 작업이 아니기 때문이다. 그러므로 고전을 해석하는데 있어서 반드시 중요한 하나의 자세가 있다면 그것은 바로 오늘날의 윤리, 정치, 그리고 사회적인 문제에 있어서 어떤 공헌을 할 수 있는지를 깊이 고려해야 한다는 것이다. 만일 고전해석이 전쟁이나 불의를 정당화하는데 사용된다면 그것만큼 위험한 일도 없을 것이다.

바바라 로씽(Babara Rossing)의 책 *The Rapture Exposed: The Message of Hope in the Book of Revelation*은 바로 이러한 위험성을 날카롭게 비판한 한 예로서 그 의의가 있다. 이 책은 2004년에 출판되자마자 미국 내 많은 사람들의 관심을 불러 일으켰다. 특별히 이 책은 지난 2005년 4월 13일자 시카고 튜리뷴(Chicago Tribune) 표지 기사로 실렸다. 이 기사는 "종말론, 어떻게 이해하나?"라는 제목과 "종말론에 대한 인기 있는 책들, 그리고 NBC TV 쇼, 고대의 예언을 통해서 오늘을 해석하기"라는 소(小)주제로 언급되었다. 또한 저자 로씽(Rossing)은 2005년 4월 28일 시카고의 유명한 방송국 라디오에 출연하여 이 책으로 토론을 하기도 하였다(Milt Rosenberg's "Extension 720" radio program on WGN radio 720). 이 책의 인기는 여기에 그치지 않고 『시카고 리더스』 6월의 커버스토리로 실렸다(the Chicago Reader, 2005년 6월 30일). 시카고 리더스는 *Let's Hear It for the Loving, Wimpy Jesus* 라는 제목으로 "시카고 지역의 로씽 교수는 미 전 지역을 통틀어 휴거신학에 대하여 기탄없는 비판을 시도한 학자다"라고 평가하였다. 저자는 뉴욕에서 다큐멘터리 프로그램을 전문으로 하는 Discovery Times Channel에 출연하여 (2006년 1월 30일) "휴거"를 조목조목 논리적으로 비판하였다.

이 책에서 로씽(Rossing)교수는 종말에 관한 기독교 소설 중 팀 라헤(Tim LaHaye)와 제리 젠킨스(Jerry Jenkins)의 소설 『남겨진 자』(*Left Behind*)를 신랄하게 비판한다. 소설 『남겨진 자』와 같은 부류의 기독교 소설은 성서에 근거를 두지 않을 뿐 아니라, 폭력과 전쟁을 정당화시키는 위험한 책이라는 것이다. 소설 『남겨진 자』는 홍종락씨에 의해 한국어 『레프트 비하인드: 그 날 이후, 남겨진 사람들』(서울: 홍성사, 2003년 4월 10일)로 번역된 책이다. 로씽 교수는 오늘날 폭력과 전쟁으로 몸살을 앓는 세계를 향해 요한묵시록이나 다니엘서와 같은 묵시록을 올바르게 읽고 해석해야 할 것을 강력히 주장한다. 저자는 세대주의 종말론(Dispensationalism)과 같은 잘못된 종말론과 성서해석을 다양하고 광범위한 측면에서 비판하고 있다. 첫째로 저자 로씽 교수는 기독교 근본주의에 기초한 기독교 종말론 소설들, 영화, 그리고 어린이를 위한 게임 등의 측면에서 비판하고 있다. 둘째로, 잘못된 종말론의 영향으로 인한 미국의 중동정책을 날카롭게 비판하고 있다. 이를 위해서 저자는 최근 중동정책에 대한 풍부한 자료와 정보를 제공하고 있다. 더 나아가서 로씽(Rossing) 교수는 중동지역에 대한 그녀의 풍부한 실전경험과 지식을 바탕으로 하여 현재 시시각각으로 변하는 미국의 중동정책을 신랄하게 비판하면서 그에 대한 몇몇 대안들을 이 책에서 제시하고 있다. 실제로 미국의 종교사회학자들은 미국 기독교인의 45%가 휴거나 아마겟돈 전쟁과 같은 부류의 종말론을 믿고 있다고 하면서, 이들의 이러한 극단적-근본적 신념은 중동에 대한 미국의 정책에 강력한 지지를 하는 사람들이라고 분석한다.

이 책은 다음과 같은 두 가지 점에서 한국어 번역의 의의가 있다고 본다. 첫째, **이 책은 한국기독교의 "잘못된 종말론"에 대한 도전을 줄 수 있다고 생각한다.** "휴거"나 "세대주의 종말론"과 같은 굴절된 기독교 종말론은 이미 한국기독교인들의 신앙 깊숙이 자리하고 있다. 그러나 그와 같은 종말론은 현실의 문제를 안고 씨름하는 진지한 기독교 문화와 신앙을 만들지 못하고, 오히려 현실도피주의자로 만들어 버린다. 이 책은 지금 한국 기독교인들이 물들어 있는 이러한 잘못된 종말론의 문제점을 하나하나 지적한다.

둘째, **이 책은 한국기독교의 "극단적 근본주의 성향"에 대한 도전을 준다는데 그 의의가 있다.** 21세기를 접어들면서 세상은 점점 더 민족주의, 극단적 보수주의, 그리고 종교적 근본주의의 경향을 띄고 있고 이는 곧 폭력이라는 결과를 초래하고 있다. 미국은 지난 2004년 이라크를 침공하고, 이어 부시 미국 대통령은 전쟁의 명분을 기독교 근본주의에서 끌어 왔다. 즉 미국의 이라크 침공전쟁은 "의로운 전쟁"이라는 것이다.

최근 들어 한국 기독교는 근본주의적 성향 위주의 흐름을 타고 있다. 지금 한국기독교가 한국정부나 정치적인 문제에 대해서 그리고 북한과의 관계에 대해서 과연 어떤 이야기를 하고 있는가? 한국정부는 한국군을 이라크에 파병하였고, 여전히 한반도는 남과 북이 분단되어 있는 상황이다. 이러한 시점에서 한국기독교가 한반도의 평화와 안정을 위해서 극단적 근본주의 목소리가 아닌 대안적이면서 타협을 위한 목소리를 내어야 한다. 이 책은 한국 기독교인들이 한국의 정치적인 문제에 대하여 성경에 입각한 비판의 목소리를 내야하는 사명이 있음을 지적하여 준다.

셋째 **현재 이명박 정부는 한국 기독교의 뉴라이트계의 지원을 받고 있다. 대통령 스스로 장로이기도 하며, 세칭 '고소영 S라인'에서 '소'인 소망교회 출신 인사들이 다스리는 정치의 모티브는 무엇일까? 흥미롭게도 뉴 라이트의 이념과 결탁한 한국의 보수정권은 북한과 대항적 관계로 회귀하는데, 부시의 중동문제를 대하는 정책으로써 종교적 종말론과 이명박 정부의 대북정책은 그리 다르지 않다.** 그러나 창세기 11장의 바벨탑의 음모에서 보여주듯, 이들 강대국들의 도시는 그 꼭대기가 이미 하늘에 닿을 지경이다. 그 옛날 바벨탑의 음모를 심판하시기 위해 하늘에서 내려오신(창세기 11:5) 하나님이 지금 요한묵시록의 마지막을 장식하시면서 아름다운 도시 새 예루살렘과 함께 이 땅으로 내려오고 계신다(요한묵시록 21:3).

독자를 위해서 몇 가지 알려두고자 한다. 1) 번역에서 사용한 한국어 성서구절은 [표준새번역] 성서에 기초하였다. 2) 번역자의 주가 필요한 경우에는 [ ] 표시로 따로 구분하였으며 저서의 경우 이탤릭체로 표기하였다.

2008년 12월 옮긴이

저자의 머리말

지난 몇 년 사이에 세상은 참으로 많이 변했다. 미국인들은 "911 테러"(2001년 9월 11일)사건이 세상에 많은 변화를 가져왔다고 생각한다. 이 사건으로 인해 많은 사람들은 테러와 악의 존재에 대한 답과 그 의미를 성서에서 찾으려고 노력하고 있다. 미국 대통령 부시는 하나님의 놀라운 능력과 힘을 빗대면서, 공식적으로 "악당들"(evil-doers)과 싸우는 미국인의 힘과 그 근거를 기독교 교회의 경전인 "성서"에서 찾았다.

하지만 테러와 악에 대하여 성서는 어떻게 말하고 있는가? 오늘 이 세계를 위하여 일하시는 하나님의 행위에 대해서 성서는 어떻게 이야기하고 있는가? 이러한 질문들에 대한 많은 해답들을 기독교 성서의 마지막 책인 요한묵시록에서 볼 수 있다. 그러나 이 책을 해석하고 읽는 관점에 따라서 위의 질문들에 대한 각양각색의 답들이 쏟아져 나올 수 있다.

1995년과 2004년 사이에 수백만 미국인 독자들을 매혹하는 묵시록에 대한 세속적인 이야기를 담은 책이 있다: 비행기 조종사인 레이포드 스틸레(Rayford Steele)의 이야기로서 그의 아내는 그가 보잉 747기를 조정하는 동안 하늘로 "휴거"되었다. 이 이야기는 스테판 킹(Stephen King)의 추리소설이나 재키 콜린스(Jakie Collins)의 연애소설과는 다른 것으로 세상의 종말에 관심을 가진 기독교 소설이다. 이 소설은 마음의 상처가 심한 그의 딸 촐로에(Chloe)와 신문기자인 벅크 윌리암스(Buck

Williams)에 대한 이야기이다. 이들은 7년의 우주적 대 재앙에 맞서 싸우기 전 진실한 사랑과 믿음을 발견한 사람들이었다. 이 이야기가 바로 『남겨진 자』(Left Behind)—12권으로 구성된 소설로서 음모, 공상연애, 폭력, 그리고 성서의 구절들을 한다말 묶어 놓은—라는 소설이다. 거듭난(born-again) 기독교인들의 첨단 모험은 고대 성서이야기의 선과 악의 대결에 새로운 생명을 부여한다. 그들은 악당들, 즉 적(敵)그리스도 [Antichrist, 초기 기독교에서는 이 예수의 적이 예수의 재림 전 역사상에 등장한다고 믿었다]와 대면한다.

또 하나의 종말에 대한 이야기로서 1970년대 미국인들을 열광시켰던 헬 린지(Hal Lindsey)의 베스트셀러 소설 『마지막 위대한 행성 지구』(*The Late Great Planet Earth*) 가 바로 그것이다. 소설가 팀 라헤(Tim LaHaye)와 제리 젠킨스(Jerry Jenkins)의 소설들은 사람들로 하여금 성서의 문자를 폭력적인 측면에서 보게끔 유도해 왔다. 이 소설은 5,000만 권 이상 팔렸고, 이러한 선풍적인 인기는 어린이 전용도서로, 게임으로, 웹사이트로, 두 개의 영화로, 그리고 수많은 돈벌이가 되는 방향으로 질주하였다.

성서의 문자를 이처럼 폭력적으로 해석하는 견해나 세상의 종말에 대한 소설은 헬 린지의 소설이나 위에서 예를 들었던 소설 『남겨진 자』(*Left Behind*)에만 유일한 것이 아니다. 이러한 경향은 케이블 TV나 라디오, 대형교회들, 기독교 근본주의 설교자들, 그리고 TV 설교자들이 그들을 따르는 사람들에게 유엔의 평화 방책이 실패하였고, 지진과 같은 대 자연 재앙이나 911 테러 등을 하나님의 계획이라고 가르친다. 그렇다면 지금 이 지구상에서 일어나는 홍수, 전쟁, 쓰나미, 사스, 또는 그 어떤 종류의 치명적인 질병들도 신의 뜻에 의한 것인가? 이처럼 몇몇 근본주의 종교지도자들은 신의 각본에 의한 우주적 종말인 피비린내 나는 아마겟돈(Armageddon) 전쟁 속으로 이 지구는 초읽기에 들어갔다고 주장한다.

소설 『남겨진 자』(*Left Behind*)와 같은 근본주의 기독교인의 글은— 내가 아는 한 도서관 사서의 말에 따르면—독자들로 하여금 신에 대하여 달리 생각할 여지를 주지 않는다. 이러한 소설책은 괴상하고, 감정적이고, 그리고 쉽게 읽혀진다는 것이다. 마치 루이스 캐롤(C. S. Lewis)의 『우주의 삼부작』(*Space Trilogy*)처럼 이러한 소설들은 허구적인 우주관을 독자들에게 제공하고, 그들로 하여금 소설의 등장인물을 통해 신과의 관계성을 맺도록 현혹한다. 이것이 바로 기독교 소설(Christian fiction)의 괴상한 힘이다. 문제는 이러한 소설이 성서의 이야기를 왜곡하여 꾸며낸다는데 있다. 오늘날 종말에 대한 글들은 적어도 지난 200년 동안 미국인들을 지배해 왔던 하나의 독특한 관점이었다. 그러한 글들의 특징은 바로 "예언"이라는 특별한 문학장르였다. 따라서 성서의 종말에 대한 신의 예정(God's pre-ordained script), 즉 "예언서"로서 읽혀지는 다니엘서와 요한묵시록은 그들의 구미를 당기기에 충분하다.

그러나 수많은 기독교인들이 성서를 근본주의 기독교인들과 다른 시각에서 읽고 있다. 그리고 나 역시도 그들 중에 한 사람이다. 성서는 결코 지금 중동에서 벌어지는 폭력이나 재난을 예측하는 영화시나리오가 아니다. 오늘날 요한묵시록이 우리들에게 주는 선물은 우리를 사랑하고 우리와 함께 살기를 원해서 우리의 세상으로 오시는 하나님의 아름다운 이야기이다. 성서의 예언자들은 세상의 마지막 날에 일어날 사건을 말하는 점쟁이가 아니라, 사람들에게 회개와 정의를 요구하는 영성의 목소리를 내는 하늘의 사람들이다. 그들은 경이로운 하나님의 신실함을 이야기하는 사람들이다. 그들의 예언은 우리들에게 희망을 주고 있다.

이 책은 바로 이러한 관점을 다룬다. 이 책은 요한묵시록과 오늘날 종말의 결과를 이해하는데 고전분투 하는 사람들을 위한 것이다. 또한 이 책은 팀 라헤(Tim LaHaye), 헬 린지(Hal Lindsey), 그리고 그 외의 많은 "예언 산업"(prophecy industry)에 의해서 꾀인 "우리들" 혹은 "그들"을 위해서 쓰였다. 내가 출석하는 교회의 교인 중 한 분은 다음과 같이 말한다: "나의 이웃 중 한 사람은 이라크 전쟁이 하나님의 계획안에 있다고 말해요. TV에서 바벨론과 아마겟돈에 대해서 들었을 때, 과연 내가 내 이웃과 어떻게 대화를 나눌 수 있을까요?" 또한 한 학생은 그녀의 목사에게 이런 비밀을 털어놓았다: "만일 내가 휴거(Rapture)를 믿지 않는다면, 예수께서 다시 오시는 날 나는 남겨질 것이라고 내 친구들은 말합니다. 그들은 내가 출석하는 교회를 바꾸지 않으면 구원을 받지 못할 것이라고 경고합니다. 두렵습니다!" 특별히 예루살렘에서 이 문제는 더욱 절박하다: "이스라엘이 팔레스타인의 땅을 차지하고, 예루살렘 한 가운데 위치한 『바위의 돔』(*Dome of the Rock*)에 성전을 재건축해야 한다고 진정 요한묵시록은 말하고 있는가?" 이 물음은 평화를 위해서 일하고 있는 기독교인 뿐 아니라 유대인들 또한 묻는 질문이다. 사람들은 과연 어디에서 그러한 신념을 가져왔고, 우리는 어떻게 그러한 신념에 응답할까?

성서를 이해하는 우리의 잣대는 무엇일까? 앞에서 언급한 근본적 기독교 예언소설과 TV를 통한 극단적 설교자의 이해는 성서를 해석하는 위험한 잣대를 제공한다. 이제 나는 그들과 다른 구별의 잣대를 제공하고자 한다. 나는 하나님이 이 세계 안에서 일하고 계신 것을 믿지만, 종말론 자들과 같은 광신도의 의견과는 다르다. 요한묵시록은 이 세상에서 일하시는 하나님의 생명을 볼 수 있는 결정적인 책이다. 이러한 이유에서 우리는 요한묵시록을 근본주의자와는 다른 입장에서 보아야 할 명백한 이유가 있다.

요한묵시록은 우리들을 여행의 여정으로 인도하는데, 이 여행은 전쟁을 위한 중동으로의 여행이 아니라, 하나님의 애정 있는 가슴에로 그리고 우리가 사는 이 세상의 한복판으로의 여행을 의미한다. 요한묵시록은 우리로 하여금 양을 치는 목자와 같은 하나님(God's Shepherding Lamb)의 마음으로 우리의 삶과 폭력 그리고 힘의 구조를 성찰하도록 가르친다. 요한묵시록은 억압의 구조에 도전하고 새로운 희망을 꿈꾸도록 가르친다. 더 나아가서, 요한묵시록은 우리가 사는 이 지구에 하나님이 거주하시는 희망을 바라보게끔 인도한다. 이것이야말로 911 이후에 살아가는 우리들에게 적절한 꿈이라고 할 수 있다.

성서전체와 요한묵시록에서 보여주는 "강"(river) 은 바로 세상을 치유하는 하나님의 주권에서 흘러나오는 생명수이다. 요한묵시록은 하나님의 현존에 목말라 하는 사람들에게 부여하는 기적 같은 생명의 줄기이다. 이 책은 바로 오늘날 이런 생명의 강을 추구하고 찾아가는 사람들을 위해서 쓰였다.

1

휴거의 파괴적인 공갈협박

"만일 내일 종말이 온다는 것을 안다면, 그래도 나는 한 그루의 나무를 심겠다"
마틴 루터(Martin Luther)

"새 차가 필요하다. 이 길만이 오직 생존의 길이라고 누군가 내게 말하였다"
"Buck" Williams(Tim LaHaye and Jerry Jenkins, *Nicolae,* 12)

"우리는 모두 피난처가 필요하다. 나는 불도저로 이곳을 탈출할 구멍을 팔 것이다"
Rev. Bruce Barnes(LaHaye and Jenkins, *Tribulation Force,* 32)

휴거는 하나의 공갈협박이다. 휴거신학은—이스라엘이나 미국의 생존주의(survivalism)에 하나의 폭력적인 의미를 부여하는—세상을 향한 하나님의 아름다운 비전을 왜곡한다. 휴거는 세상을 치유하는 의미를 세상을 탈출하는 행위로 곡해한다. 휴거는 전쟁과 폭력을 음성적으로 찬양한다. 휴거신학은 요한묵시록의 비전인 "양의 밝힘"으로서의 "자기희생의 사랑"(Lamb's vulnerable self-giving love)을 "사자와 같은 분노의 양"(lion-like wrath of the Lamb)으로 왜곡한다. 그러므로 휴거는 성서적인 신학이 아니다. 요한묵시록의 진정한 메시지는 인간이 이 세상으로부터 다른 세상으로 끌려 올라가는 아니라, 하나님이 예수를 통해서 이 땅으로 내려오신 것이다. 하나님은 이 세상을 창조하셨고, 이 세상을 사랑하신다. 그리고 하나님은 결코 이 세상을 저버리고 다른 곳으로 가시지도 않으신다.

휴거 신학은 중동을 파멸로 초래하는 위험한 신학이며, 더 나아가서 온 세상에 대해서는 더더욱 위험한 신학이다. 휴거 찬성론자들은 종말에 대하여 미사일발사나 우주공간의 여행을 회상하면서 종말을 향한 "초읽기"(countdown)라는 이미지 사용하기를 사랑한다. 그들에 의하면 하나님은 종말을 위한 하나의 시계가 있고, 하나님의 손은 그 시계 바늘을 자정으로(midnight) 잡아끌고 있다고 한다. 그들은 이 "시계 이미지"가 성서에서 비롯한 작품이 아님을 알고 있음에도 불구하고 종말을 향한 시계이미지 사용을 주저하지 않는다. 그들은 하나님의 예언적인 스톱워치(stopwatch)는 똑똑 소리를 내며 이 세상의 종말을 향해서 달려간다고 믿는다.

존 해기(John Hagee)—교인 15,000명의 샌 안토니오의 코너스톤 교회(Cornerstone Church)의 목사—는 "최후 마지막 심판의 시계"(doomsday clock)라는 독특한 개념을 핵전쟁으로 인해 종말이 온다고 주장하는 과학자들의 보고서인 『원자과학자들의 회보』(*Bulletin of the Atomic Scientists*)로부터 도용해 왔다. 1947년에 이 과학자들은 시계의 초를 자정(midnight)이 되기 7분전에 맞추고, 지구 핵무기 위험의 평가 기준에 기초하여 자정으로부터 조금씩 가까이 주기적으로 자신들의 손을 옮겼다.

"하나님은 이와 같은 시계를 가지고 계시는데, 그분의 시계는 결코 뒤로 다시 돌아가지 않는다"라고 헤기는 그 자신의 책 『최후의 심판에 대한 다니엘서: 카운터 다운은 이미 시작되었다』(Daniel to Doomsday: The

Countdown Has Begun)에서 위와 같이 쓰고 있다. 그러나 헤기의 예언적인 최후의 마지막 심판과 앞에서 말한 그 과학자들 사이에는 결정적인 차이가 있는데, 과학자들의 견해는 이렇다. 시계의 초는 우리시대의 위험스러운 상황에 대한 경고일 뿐이지 그 시계바늘이 결코 자정에 미치지는 않을 것이라고 주장한다. 이렇게 핵 과학자들은 세상의 파괴를 예방하려고 노력하지만 헤기의 견해는 그렇지 않은 것 같다. 그와 그리고 휴거를 찬성하는 사람들은 최후심판의 시계추가 자정을 울리는 것은 피할 수 없는 운명이라고 주장하며, 더 나아가서 그들은 마지막 시간이 빨리 오기를 환영하기까지 한다. 그들은 하나님이 이 땅을 심판하실 것을 계획하시기에 우리는 그것을 멈출 그 어떤 것도 할 수 없다고 주장한다. 그들은 세상의 종말을 향한 카운터다운이 이미 진행 중에 있다고 한다. 헤기는 그의 책 각 장마다 종말의 지점인 자정을 향해 조금씩, 1분씩 다가가는 광경을 그리다가 급기야 마지막 장, 『자정: 위대한 백색의 옥좌에 임한 최종심판의 날』(Midnight: Doomsday at the Great White Throne)에서는 하나님의 심판이 절정에 다다른다.

휴거는 지구의 파괴를 믿는 헤기와 같은 사람들을 위한 이론적 근거다. 휴거는 지구로부터의 "위대한 탈출"(Great escape)이다. 헤기는 휴거를 자랑으로 여기면서 이렇게 이야기한다: "그리스도를 믿는 신자들은 최후의 심판의 날로부터 구원받을 것이다. 그 날을 기억하라! 마음에 깊이 새겨라! 그리고 서로 다음과 같은 말로 위로하라! 최후의 심판의 날은 이 지구를 위해서, 민족들을 위해서, 그리고 개별 사람들을 위해서 임할 것이다. 그러나 예수 안에서 믿음을 가진 사람들은 이 땅에서 그 무시무시한 재앙을 보지 않을 것이다."[1] 이와 유사하게 헬 린지(Hal Lindsey)도 이렇게 기술한다: "비록 나는 대 재앙에 직면한 세상에 대하여 통탄하지만, 이런 절망적인 세상 속에서 희망할 수 있는 것은 휴거가 있기 때문이다."[2] 린지와 휴거를 예찬하는 많은 사람들은 지구의 대 재앙과 이 땅의 무시무시한 파괴가 있는 "7년 대 환난"(a seven-year period) 이 오기 전에 예수께서 그들을 잡아채어 하늘로 끌어올린다는 신념을 가지고 있다. 린지는 요한묵시록 12장의 "그러므로 하늘아, 그리고 그 안에 사는 자들아"라는 구절을 휴거이론의 근거로 삼는다. 그와 그리고 다른 기독교인들은 재앙과 시련의 기간에 재앙이 닥친 이 땅이 아니라 "다른 공간 혹은 세상, 즉 하늘에 거할 것이다"라고 주장한다.[3] 오직 비 기독교인들만이 이 땅에 『남겨진 자』(Left Behind)로서 고통에 직면할 운명에 처해 있다고 한다.

2003년 여름에 테드 터너(Ted Turner)와 공영방송(Public Broadcasting System)은 8시간의 특별프로로 "아마겟돈 무효화하기"(Avoiding Armageddon)라는 프로그램을 방송한 적이 있다. 그들은 핵무기와 화학무기 확산을 경고하면서 세계의 지도자들에게 그것들을 억제하는데 함께 보조를 맞출 것을 요청하였다. 그리고 바로 그 다음 주 지난주 방송에 대한 논평하는 방송시간에 잭 밴 임페(Jack Van Impe)의 아내인 렉셀라(Rexella)는 남편에게 기독교 근본주의자의 케이블 TV쇼에 대하여 이렇게 물었다: "잭! 테드 터너는 아마겟돈을 무효화 할 수 있다고 하는데 그의 생각이 옳은가요?" 그녀의 남편의 대답은 "아니요!" 이었다. 아마겟돈은 결코 무효화될 수 없다는 것이 잭 밴 임페의 열광주의적인 대답이다. 밴 임페는 『대탈출: 휴거에 대한 준비, 하나님의 예언자적 시계에 대한 다음 사건』(The Great Escape: Preparing for the Rapture, the next Event on God's Prophetic Clock)이라는 책과 중동에 대한 여러 권의 책을 쓴 저자이다. 헤기나 린지와 마찬가지로, 그는 하나님이 이 세상을 심판하기 위해서 다시 오시고 그 자신과 렉셀라는 휴거 될 것이라고 확신한다.

휴거와 아마겟돈 시나리오는 재난영화나 생존자 이야기를 사랑하는 미국인의 특성을 슬그머니 자극하기에 충분하다. 종말에 대한 소설을 읽는 독자들은 대 재앙에서 구출 받는 소수의 몇몇 사람에 자신들을 동일시하고 싶어 한다. 이와 마찬가지로, 외계생명체에 의해서 공격받는 "지구의 생존자"를 그린 1996년의 영화 "인디펜던트 데이"(Independent Day)나 한 혜성으로부터 충돌 이후에 뉴욕시가 황폐되는 것을 조사하는 "부부"를 그린 영화 "딥 임펙트"(Deep Impact), 또는 1998년 관중을 섬뜩하게 한 영화 "아마겟돈"(Amageddon)의 "생존자들," 여기서 독자들은 소수 정예집단의 개인적인 영웅들, 즉 대 재앙에서 "살아남은 자" 그리고 아마겟돈의 "생존자들"과 자신들을 동일시한다. 하지만 감옥살이를 경험한 TV 설교자 짐 베커(Jim Bakker)도 지금은 자신이 이전에 주장했던 공갈협박성의 거짓설교인 휴거신학을 거부하고 있다고 고백한다.[4]

그리스도가 다시 올 것이라는 것은 휴거 예찬론자뿐만 아니라 나 자신도 동의하는 내용이다. 나는 매일 같이 주님의 기도를 드릴 때, "당신의 나라가 임하소서!"라고 기도하지만, 이 기도는 결코 소설 『남겨진 자』(Left Behind)의 12권의 소설에서 소망하는 것과 다른 내용의 기도이다. 예수께서는 당신의 기도문에서 하나님의 나라가 "임박" 하다는 것을 가르쳤고, 이는 오늘날의 기독교인들에게 여전히 유효한 가르침이다. 그러나 현대의 기독교인들은 예수의 "임박"이라는 의미를 완전히 다른 시각에서 이해하고 있다. 우선, 우리는 하나님에 대하여 관점을 다르게 가지고 있는데, 한편으로는 하나님은 "우리의 하나님"이라는 개념을 가지고 있고, 다른 한편으로는 "폭력적인 하나님"으로서 세상을 파괴하는 분으로 이해한다는데 있어서 그 첫 번째 차이가 있다. 두 번째는, 어떤 기독교인들은—휴거 예찬론자들처럼—현실 도피의 윤리를 쾌히 승낙하는가 하면, 다른 기독교인들은—내가 주장하는 것처럼—그리스도께서 다시 오신다는 기대로 이 세상을 향한 끈질긴 사랑과 세심한 관심을 보이는 기독교인들이다. 이와 같은 두 부류의 차이점은 우리 전 인류 미래를 위한 기독교 윤리의 핵심이다.

하나님은 세상을 사랑하신다- 하나님은 지구를 파괴하지 않으신다!

예수께서 다시 오시는 그 정확한 때를 아는 사람은 아무도 없다. 하나님이 세상을 파괴하고 몇몇 기독교인들을 다른 행성으로 끌어올림을 준비하고 계시기에 그 시간과 때를 모른다는 것은 어불성설이다. 한 장로교 목사는 자신의 어린 시절을 거슬러 그 당시 휴거에 대한 노래를 나에게 이렇게 들려주었다: "우주 밖 그 어떤 곳에 하나님께서는 자신을 믿고 따르는 사람들을 위해 준비한 장소가 있다... 매일 점점 더 가까이 그 날을 향해 하나님이 카운터다운을 하고 계신다." 이 노래는 휴거의 허구성과 위험성을 여실히 드러내고 있다. 지구 밖 그 어떤 곳에 하나님이 준비한 장소가 있을 수 있을까? 이것은 성서적인 메시지가 아니다. 지구를 쓰레기처럼 버리고 다른 행성으로 옮겨간다는 것이 도대체 상상할 수 있는 일인가?

우주라는 수사적 비유의 형상은 종종 헬 린지(Hal Lindsey)의 책 『마지막 위대한 행성 지구』(*Later Great Planet Earth*)에서 발견된다. 1970년대에 출판되고, 곧바로 1년 후 우주비행사 닐 암스트롱(Nail Armstong)이 달 표면 위를 걸었을 때, 린지의 책은 사람들로 하여금 우주여행의 모험을 휴거와의 상관관계 속에서 이해하도록 자극하였다.

> 인간이 달을 여행한 것은 정말 경이로운 일이다. 그런데 또 하나의 여행이 있는데, 그것은 오늘날 남자, 여자, 그리고 어린이들 모두가 이 세상을 버리고 떠나는 것이다... 과학의 도움 없이, 우주복 없이, 그리고 행성 간의 충돌 없이 사람들이 상상하지도 못하는 아름답고 황홀한 곳으로 옮겨 질 것이다... 인생의 삶은 종지부를 찍고 새로운 영원한 여행의 길로 접어드는 것이다(Hal Lindsey, The Late Great Planet Earth [Grand Rapids, Mich.: Zondervan, 1970], 135-137).

소설 『남겨진 자』의 저자 팀 라헤 역시 지구의 파멸과 동시에 하나의 다른 행성, 또는 "새로운 지구"가 존재함을 요한묵시록의 12장에 비추어 추론한다. 그는 하나님의 미래 시간표가 이 지구를 어떻게 제거하는지를 두 가지 면에서 설명하고 있다.[5] 지구의 첫 번째 파멸은 불에 의한 것이고, 두 번째는 더더욱 심각한 것으로 지구의 대기도 포함한다. 여기서 라헤는 3차원의 하늘 개념을 조작한다- 1) "사탄의 거주지"로서 지구를 둘러싼 대기권의 "하늘"과 2) 하늘의 별들을 포함한 천상계의 하늘, 그리고 3) 요한묵시록 4장과 5장에 각각 등장하는 우주의 천상계를 가리키는 "하늘"이 바로 그것이다. 그들에 의하면, 대기권의 하늘은 요한묵시록 21장 1절에서 보여주듯이 하나님이 파괴시키려고 계획된 하늘이라는 것이다. 라헤는 이렇게 주장한다: "하나님은 사탄에 의해 손상되고 파괴된 이 지구를 파괴할 것이다. 하나님은 모든 악의 형상을 제거해 왔다는 것을 보증하기 위해서 대기권의 하늘을 심판할 것이다."

이러한 두 하늘의 파괴가 발생한 후, "하나님은 새 하늘과 새 땅을 다시 창조할 것이다"라고 라헤는 말한다. 그는 새 땅은 지구의 둘레면적 25,000 마일과 직경 8,000 마일처럼 제한되지 않은 것이라고 공상하고 있다. 성서가 정말 이런 파괴 시나리오를 말하고 있을까? 라헤는 새로운 지구가 사람들이 살지 못하는 바다와 산 그리고 사막과 같은 공간으로 버려지지 않을 것이라고 추측한다. 왜냐하면 라헤는 이런 장소들이 "존재의 가치가 없는" 불모의 땅으로 간주하기 때문이다.

혹여 이들의 추측이 그렇게 정도를 넘어선 위험한 것이 아니라면, 그럼 단순한 기분 전환으로 유희할 수 있을 수도 있다. 그러나 하나님은 이 지구의 산도 사막도 창조하셨고, 그리고 그것들을 보시고 "참으로 좋다!"라고 하신 것을 기억해야 한다. 즉 "존재의 가치가 없는"(worthless) 것들도 창조자에게는 존재의 가치가 있다는 의미가 된다. 지구의 대기권 하늘 역시도 하나님에 의해서 창조되었고, 하나님은 우리 인간이 이 대기권을 온갖 공해로 파괴하는 이 순간에도 대기권의 파괴를 비탄하며 슬퍼하신다. 대기권 하늘은 이산화탄소의 집중적인 증가로 인하여 오늘날 오존층의 파괴(신선한 공기층의 파괴)로 인해 심각한 타격을 받고 있다. 지구는 지금 "지구 온난화"(global warming)라는 심각한 위기에 직면해 있고 이 위기는 바로 대기권의 하늘을 파괴하는 인간에게 책임이 있다. 대기권의 하늘은 결코 사탄이 거주하는 소굴이 아니다. 그러므로 하나님께서 "새 예루살렘"(New Jerusalem)의 비전을 위한 하나의 전주곡으로 대기권 파괴를 행하신다는 관점은 전혀 성서적이지 않을 뿐 아니라 이러한 관점은 잘못된 윤리를 생산한다.

요한묵시록은 새 하늘과 새 땅을 선포한다. 그러나 그것의 의미는 하나님이 우리로 하여금 이 세상의 재앙을 피하여 다른 세상으로 들어간다는 그런 어리석은 의미가 아니다. 새 땅은 우리가 "여기에서 다른 곳으로 탈출" 하거나, 혹은 소설 『남겨진 자』에서 벅 윌리엄스(Buck Williams)가 언급한 "새 차를 구입하는 것"과는 완전히 다른 의미로 이해된다. 오히려 새 땅이 의미하는 것은 오늘날 우리의 지구가 부활이나 회복과 같은 의미처럼 "새로워지는 것"(new)을 말한다. 이 지구상의 전 창조물은 회복을 갈망하고 있다. 사도 바울은 이렇게 이야기하고 있다:

> 피조물은 하나님의 자녀들이 나타나기를 간절히 기다리고 있습니다. 피조물이 허무에 굴복하였지만, 그것은 자의로 그렇게 된 것이 아니라, 굴복하게 하신 그분이 그렇게 하신 것입니다. 그러나 소망은 남아 있습니다. 그것은 곧 피조물도 사멸의 종살이에서 해방되어서 하나님의 자녀가 누릴 영광된 자유를 얻는다는 것입니다. 우리는 모든 피조물이 이제까지 함께 신음하며, 해산의 고통을 함께 겪고 있다는 것을 압니다... 우리는 이 소망으로 구원을 받았습니다. 눈에 보이는 소망은 소망이 아닙니다. 보이는 것을 누가 바라겠습니까?[6]

요한 묵시록 21장 1절의 "새로운" 땅 이라는 단어의 헬라어는 두 가지로 이해되는데, 하나는 "회복된"이라는 개념이 그것이고, 다른 하나는 완전한 "새로운"이라는 뜻을 의미한다 — 그러나 이는 명백히 "다른"(different) 땅에 대한 이해를 내포하고 있다. 그러므로 완전한 새롭고 어떤 거대한 것이 7년 후에 등장할 것이라는 논리는 전혀 설득력이 없다.

레이건(Reagan) 시절 미 국무장관 제임스 와트(James Watt)는 미국의 상원의원들에게 이렇게 말하였다: "우리는 세상 종말의 결정적인 위기에 직면해 있는데, 이는 반 환경정책이나 산림 훼손과 같은 행위가 정당하다는 것을 입증하는 증거입니다." 이후 그가 어떤 의원으로부터 미래세대를 위한 산림보호에 대한 질문을 받았을 때 다음과 같이 대답했다: "주님이 다시 오시기 전 얼마나 많은 미래의 세대가 남았는지 알 수가 없지요!" 와트의 "소비하고 버려라!"라는 관점은 휴거 예찬론자들의 세계관과 너무나 유사하다. 그들은 세상의 폭력적 종말을 손가락으로 세고 있는 것이다.

더더욱 근래에 극단적 우익학자인 엔 코울터(Anne Coulter)는 이렇게

말한다: "하나님은 우리 인간에게 이 지구를 주셨다. 우리는 지구의 동물, 식물, 그리고 나무를 지배할 주권이 있다. 하나님께서 '지구는 너희 인간의 것이기에 너희들 마음대로 취하고, 강탈해라! 왜냐하면 지구는 너희들의 것이기 때문이다'라고 하셨기 때문이다."7

지구를 강탈하거나 지구가 우리의 것이기에 이 땅에 대한 인간의 행위를 정당화하는 것은 마치 마약을 하고 몸을 학대하는 것과 같은 것이다. 우리의 몸은 하나님의 성전이다. 바울은 로마서에서 우리에게 이렇게 말한다. 하나님이 흙으로 몸소 빚으신 우리의 몸을 경건하게 지켜야 한다. 이 지구도 우리의 몸과 유사하다. 지구는 하나님의 몸으로서 하나님이 "참으로 좋다"고 감탄하시는 그 분의 작품이다. 하나님은 결코 이곳을 떠나시지 않으신다.

영국인 작가 루이스 캐롤(C. S. Lewis)의 작품 『나니아 연대기』(*Chronicles of Narnia*)는 20세기 중반 유명한 기독교 소설로서 소설 『남겨진 자』와 비교할 때, 훨씬 이 땅에 관심을 부여한 책이다. 이 소설에서 루시(Lucy)와 그녀의 친구는 "새로운 나니아"(New Narnia)에 들어온다. 그들이 고향을 떠나 다른 세상으로 여정을 떠났음에도 불구하고, 이 소설은 고향에서부터의 탈출을 묘사하는 것이 목적은 아닌 듯하다. 오히려 이 소설은 하나님이 그려놓으신 이 세상 안으로 깊숙이 들어오는 심오한 진리를 이야기하고 있다. 여행자들은 점점 자신들이 들어온 이 세계가 바로 자신들이 남겨두고 떠나온 그 세상과 유사하다는 것을 깨닫는다: 고향의 언덕과 비슷한 동산들 그리고 유사한 집들, 혹여 다른 것이 있다면 다만 모든 것들이 빛을 발하고 있을 뿐이다. 이것은 "실재하는 것보다 더 실재하는 것처럼 보인다"(more like the real thing)라고 말하고 있다. 즉 새로운 나니아가 예전의 나니아와 다른 것이 있다면 바로 다음

과 같을 것이다: 더욱 깊은 시골, 모든 바위와 꽃들 그리고 잎사귀들이 마치 이것들의 실재보다 더 나은 것을 의미하듯이. 루시는(Lucy) 새로운 나니아가 "이 세상 안에 존재한다"는 것을 깨닫는다.

타운 텀너스(Taun Tumnus)는 세상을 향한 하나님의 비전을 이렇게 설명한다: "너는 지금 영국을 영국 안에서 바라본다. 이것이 실재하는 영국이다." 여기서 중요한 것은, 루이스의 비전—파괴적인 휴거 문서와는 달리—은 "파괴 안에는 선한 것이 없다"는 것이다.[8] 이것이 바로 루시와 그녀의 동료들이 그들의 삶을 위해서 찾아 왔었던 곳이다. 한 원숭이가 수수께끼, 쥐, 올빼미, 그리고 오소리의 이름을 짖는다. 그리고 "그 사랑스러운 동물들"(all the dear creatures)과 새로운 자연의 풍경으로 들어간다.

나니아 이야기는 소설 『남겨진 자』보다 훨씬 더 요한묵시록의 관점에 가까운 결론으로 끝을 맺는다. 나니아 이야기 역시 노아의 계약에 가까운 이야기인데, 창세기에 나오는 노아의 홍수 이후 하나님이 다시는 이 땅을 파괴하지 않겠다는 약속을 보여준다: "주께서 그 향기를 맡으시고, 마음속으로 다짐하셨다. 다시는 사람이 악하다고 하여서, 땅을 저주하지는 않겠다. 사람은 어릴 때부터 그 마음의 생각이 악하기 마련이다. 다시는 이번에 한 것같이, 모든 생물을 없애지는 않겠다."[9] 요한묵시록은 과연 휴거 열광주의자들의 논리처럼 하나님과 노아와의 이 평화계약을 무시하는가? 하나님의 마음이 바뀌었는가? 그래서 지금 하나님이 이 세상을 심판하시는가? 어떤 사람은 노아를 향한 약속은 오직 하나님이 홍수를 통해서 심판하지 않을 뿐이지, 다른 방법으로 또다시 심판하실 수 있다고 말한다. 베드로 후서에 등장하는 불에 대한 언급은 이러한 주장을 하는 사람들이 흔히 사용하는 성서적인 근거이다. 그러나 핵전쟁이 결코 하나님의 계약이 될 수는 없다. 성서에서는 또 다른 노아의 계약을 보여주지 않는다. 린지, 헤기, 그리고 라헤가 주장하는 "7년 심판"과 같은 세상의 종말은 성서에서 언급되고 있지 않다. 성서는 다음과 같이 분명히 이야기하고 있다. 하나님은 이 세상을 너무 사랑하시고 앞으로도 계속 사랑하실 것이다. 한 가지 슬픈 것은 성서에 소설 『남겨진 자』(Left Behind)와 같은 부류의 휴거와 같은 이미지에 대한 이야기가 있다는 것이다. 그것은 다름이 아닌 노아의 홍수이야기이다.

하지만 홍수이야기에서 조차도 하나님이 이 세상을 사랑하신다는 것의 상징으로서 동물들을 각각의 종류대로 구원하신다. 그러나 오늘날 휴거 예찬론자들은 창조물에 대한 사랑을 이야기하지 않는다. 그들의 휴거는 오직 인간만을 구원하고 동물과 식물들은 파괴된 땅에 그대로 남겨진다(Left Behind). 린지는 이렇게 쓰고 있다: "아마겟돈 전쟁이 그 최고 절정에 다다랐을 때 그리고 이 지구의 생명체들이 파괴되었을 때, 예수 그리스도가 다시 오시고 멸종의 위기에서 인간을 구원하신다." 멸종의 위기에서 오직 "인간"만을 구원한다고 언급하는 부분을 주목할 필요가 있다. 하나님이 창조하신 다양한 유기체, 즉 새, 나비, 꽃, 나무, 오소리, 그리고 모든 사랑스러운 창조물들은 멸종된다는 것이다. 루이스는 그의 책 『나니아 연대기』에서 지구의 온갖 다양한 생물들은 근본주의자들이 계획하는 미래에는 설자리가 없다고 역설하고 있다.

19세기의 노예였던 소저너 투루스(Sojourner Truth)는 당시 현실에서 도피하는 사람들과 자기중심의 휴거론의 수사적 표현들을 비판하였다. 기독교인들은 지구의 종말을 잠시 피하기 위해서 하늘에 마련된 특별실로 들려 올려진다는 휴거론자들의 주장에 대하여 그녀는 이렇게 비판한다: 하나님은 이 땅에 우리와 함께 머물고 계시고 우리들이 당하는 모든

시련을 함께 당하고 계신다. 다음은 그녀의 비판 중 한 대목이다:

> 당신은 어떤 특별한 방으로 끌려 올라가는 것을 기대하는 것처럼 보입니다. 그리고 악한 자들은 불의 심판을 받을 것이고, 당신은 그들이 재(ashes or human remain)위를 걸으며 승리를 자축하는 광경을 꿈꾸는 것 같습니다. 이 꿈이 바로 당신의 새 예루살렘입니다. 그렇다면, 지금 나에게는 그 어떤 것도 좋아 보이지 않습니다. 주님이 다시 오시는 날에 세상은 혼란과 파멸, 그리고 악한자의 잿더미로 뒤범벅이 된다구요? 그렇다면 나는 다른 곳으로 달아나지 않을 것입니다. 여기 이 자리에 머물러 그 심판의 불의 앞에 당당히 맞설 것입니다. 마치 사드락(Shadrach), 메삭(Meshach), 아벳느고(Abednego)처럼 당당히 맞설 것입니다. 그리고 예수님은 나와 함께 불 위를 걸으실 겁니다. 그분은 나를 위험에서 지켜줄 것입니다(인용 Lee Griffith, War on Terrorism and the Terror of God [Grand Rapids, Mich.: Eerdmans, 2002], 193).

예수께서 우리와 함께 불 위를 걸으신다. 소저너 투루스가 똑똑히 말하듯이, 바로 이것이야말로 요한묵시록이 말하는 메시지이다.[10] 하나님의 사람들은 시련과 멸망을 경험하는 사람들이다. 성서의 메시지는 하나님이 이 땅으로 내려 오셔서 우리가 사는 이 땅의 모든 일들을 함께 경험하신다는 것이다.

하나님이 이 세상을 사랑하셔서 "제 2차 세계대전"을 벌이셨다는 것은 성서의 메시지가 아니다 [하나님은 그 전쟁의 아픔과 슬픔을 함께 하신 분이시다]. 요한묵시록의 중심된 메시지는 하나님은 결코 "불"과 "핵"으로 심판하시지 않는다는 것이다. 오히려 하나님은 이 땅의 온갖 파괴와 아픔 앞에서 우주적인 울부짖음으로 "이 땅을 위한 통곡"(Alas for the earth)과 같은 슬픔과 아픔을 보여주시는 분이시다.

우리와 함께 거주하시는 하나님과 소설 『남겨진 자』의 마니교적 이원론

미래에 어떤 일이 벌어지든지 간에, 성서적인 메시지는 하나님이 이 땅으로 내려 오셔서 우리와 함께 머문다는 것이다. 지진! 어둠! 전염병! 우리는 희망을 잃어버렸는가? 하나님이 오신다. 하나님은 2000년 전 역사상 가장 쓸쓸한 시기, 로마시대의 처참한 유대와 갈릴리 지역에, "말씀이 육신이 되어 그 한 가운데 거 하셨다." 요한의 복음서는 이렇게 말하고 있다: "하나님이 이 세상에 태어나셨다." 예수는 하나님께서 이 세상에 성육신 하신 마지막 말씀으로서, 그 말씀은 "Yes"이다.[11] 하나님은 자신 스스로 이 세상에 머물 만큼 이 세상을 사랑하신다.

만일 오늘날 우리가 하나님을 찾기 원한다면 그럼 예수가 이 땅에 태어나신 것과 같이 겸손을 배워야 한다. 이 땅의 작고 천한 것들에 눈을 돌리시는 하나님처럼 우리도 그곳에서 하나님을 찾을 수 있다. 하나님은 묵시문학의 "붉은 말"(Red Horse)과 같은 폭력적인 형상이 아니라, 일상 생활의 거룩한 "성육신"에서 발견되시는 분이시다. 제라드 멘리 홉킨스(Gerard Manley Hopkins)의 시는 다음과 같은 감동을 준다: "세상은 하나님의 웅장함을 담당하게 되었다." 그의 시는 우리에게 이 세상 한 가운데 현존하시는 하나님을 보도록 초청하고 있다. "자연은 결코 소모품이 아니다. 가장 사랑스럽고 깊은 자연 그곳에 바로 진정한 삶이 있다... 왜냐하면 성령은 세상을 따뜻한 가슴과 비장한 애정으로, 마치 한 어미 닭이 자신의 품에 안겨있는 병아리들을 품는 것처럼 몸을 구부리기 때문이다."[12] 하나님은 또한 우리를 이 세상으로부터 구출하기 위해서 오시지 않으신다. 하나님은 오히려 우리의 모든 기쁨과 슬픔을 함께 나누기 위해서 우리에게 오신다.

휴거신학은 바로 이런 소중한 성서의 메시지를 놓치고 있다. 소설 『남겨진 자』는 마치 "하나님이 이 세상을 전염병과 지진과 같은 대재앙으로 파멸하고, 당신은 이 세상을 떠나신다는 것"을 주장하는 것처럼 보인다. 그러나 더 정확한 표현으로는 하나님이 하늘에 거주하면서 이 세상의 종말을 기다린다는 것이 그들의 주장이다. 예수는 교회를 순식간에 잡아채어 들어 올릴 것이고, 그 후 하늘 위를 유유히 둥둥 떠다니신다고 표현하고 있다. 그들의 관점에 의하면, 예수는 휴거사건 이후 7년 대재앙 동안에는 땅으로 내려오시지 않고 그의 영광스러운 광채가 드러나는 왕국이 세워지면 그 때에 이 땅으로 내려오신다고 주장한다.

이렇게 휴거신학은 새로운 하나의 마니교적인 형식으로 추락하는 위험이 있다. 이 세상은 악하기 때문에 이 세상을 탈출하는 것이 목표라는 신념이 마니교의 이단적 믿음이다. 영지주의와 같은 마니교는 이분법적인 이단으로서 세상을 선과 악으로 구분한다. 이러한 이분법적 이단사상과 싸우기 위해서 초대교회는 그리스도의 성육신과 창조물의 거룩함과 선함을 강조하였다.

마니교적인 경향은 『남겨진 자』와 같은 기독교소설에서 반복된다. 이 소설에서 뷰크(Buck)가 보는 관점처럼 시카고를 벗어나 안전한 지역으로 가는 것은 적(반) 그리스도나 거짓선지자에 속한 악의 세계로 들어가는 것과 마찬가지다. 이 책은 세상의 지도자를 적(반) 그리스도로 종종 표현한다.[13] 그러나 성서는 결코 이 세상이 적 그리스도에 속해 있다고 말하지 않는다. 요한묵시록 1장 5절에 따르면, 예수를—적 그리스도가 아니라—"땅 위의 왕들의 지배자이신 예수 그리스도"로 기록하고 있다. 요한복음서의 말씀, 즉 "이 세상의 지도자가 추방당한다"는 예수의 말씀은 악한 세력들이 세상을 지배하였고, 그들이 추방될 것이라는 의미에서 하신 말씀이시다. 이를 다시 풀어서 이야기하자면 사탄은 더 이상 이 세상을 지배하지 않는다. 그리고 예수 안에 죽음과 부활이 있기에 "세상 나라는 우리 주님의 것이 되고 그리스도의 것이 되었다. 주께서 영원히 다스리실 것이다"(요한묵시록 11:15)는 측면에서 이해되는 말씀이다. 또한 하나님의 다스림은 미래의 일이 아니다. 요한묵시록의 메시지는 1세기의 독자나 오늘날 요한묵시록을 읽는 독자에게 그렇게 다른 내용을 전하고 있지 않다. 즉 예수는—적그리스도도, 가이사(Caesar)도, 그 어떤 제국의 황제도 아닌—세상의 진정한 통치자이다.

세상에 현존하시는 하나님을 인식한다는 것은 쉬운 일이 아니다. 우리는 시간 안에 그리고 시간 사이에 살아가고 있다. 다시 말하면, 예수의 삶, 죽음 그리고 부활은 "이미"(already) 실현된 시간과 아직 임하지 않은(not yet)재림의 시간 바로 그 사이에 살고 있다. 하나님의 나라는 예수의 재림이 오기까지 아직 현실에 완전히 실현되지 않은 그런 것이다. 그러므로 하나님이 이 세상을 외면하여 다시는 돌아보지 않는다는 마니교적 관점은 성서적이지 않다.

세상의 종말에 대한 새로운 개인주의적 윤리

"세상은 결코 구원받을 수 없다!" 이것은 휴거론자들, TV나 라디오 설교자들, 그리고 소설 중 스릴러물들의 기본적인 신조다. 휴거 예찬론자들은 세상의 문제에 책임을 지는 자세보다는 시계가 종말을 향해 달려가는 것만을 관조하는 자세를 취하는 것처럼 보인다. 그들은 얼마나 세상이 잘못되어 가고 있는지에 대한 통계 인용하기를 좋아한다: 범죄의 증가, 전쟁, 지진, 해양오염, 환경파괴의 악화. 그들에게 이러한 "표징"(signs)

들은 예언적인 시계가 종말을 향해 나아가는 것을 증명하는 것이며, 그때 그들은 이 지구를 탈출할 수 있다고 믿는다.

그리스도가 다시 오시는 날까지 휴거 예찬론자들은 개인적인 구원만을 강조한다. 그들의 목적은 너무 늦기 전에 보다 많은 사람들에게 그리스도를 알리는 것이다. 역사가 폴 보이어(Paul Boyer)는 이를 전 천년주의(Pre-millenarianism)기독교인의 기본적인 입장이라고 지적한다. "인류의 집단적인 멸망은 확실하다. 그러나 개인적인 탈출은 가능하다."[14] 20세기 초 "사회복음" 운동에 대항한 휴거신학의 목적은 "사회를 개선하는 게 아니라," 이 세상 밖으로 "사람을 구원"해 내는 것이다.[15] 시카고의 복음주의 전도자였던 드와이트 무디(Dwight L. Moody)는 난파선의 이미지를 사용하면서 다음과 같이 이야기한다: "개인적 생존자들은 아마도 구출될 것이지만, 배 자체는 희망이 없다."[16] 역사가 랜달 발머(Randall Balmer)는 이것을 "절망의 신학"이라고 하였다.[17]

소설 『남겨진 자』에서의 종말은 마치 카운터다운이 점점 가까워지는 것처럼 일상적 삶이 연기된다는 것이다. 벅 윌리엄스(Hero Buck Williams)는 일상적인 삶에서 그냥 한 사람의 모범운전자이다. 그러나 『남겨진 자』의 메시지는 시간이 더 이상 정상적이지 않다고 한다. 이렇게 새로운 한 시대의 마지막 날 또는 하나님의 예언적인 불가사의한 섭리의 시계에서 윤리의 잣대나 척도는 보류된다. 모든 남성 독자의 난폭 운전의 환상은 벅이 차선을 따라 우회했을 때 성취되었다: "벅은 결코 교통 혼잡을 참을 수 없었다... 그는 턱을 묵묵히 다물고 있었고, 목은 점점 뻣뻣해 졌다. 그리고 그의 손은 운전대를 쥐어짜듯이 잡고 있었다... 교통 혼잡의 순간에 점점 더 가까워진다는 것은 큰 자동차의 가속력은 마치 종마가 달아나고 싶은 심정으로 묘사된다." 하나의 폭발이 시카고를 뒤흔들 때, 벅의 "종

마"는 이 지긋지긋한 혼잡의 순간을 탈출하게 되었다:

> 벅은 시카고의 국제공항인 오헤어 공항(O' Hare International Airport) 근처쯤 인 것으로 추측되는 곳에 버섯구름이 서서히 올라오는 것을 보았다... 차가 비켜갈 순간이 오자마자 벅(Buck)은 재빨리 양사방을 돌아보고서, 운전대를 왼쪽으로 돌려 속도를 올렸다. 찰로에(Chloe)는 숨을 헐떡이면서 출입제한 구역을 점프하여 하수구를 가로질러 다른 차선으로 움직였다. 벅은 공원으로 질주를 하였고, 저속운행 차선을 가로질러 갔다. "벅, 지금 무슨 짓을 하고 있나?" 하고 찰로에는 그녀 스스로 속도계 앞에서 마음을 가다듬으면서 물었다. "글쎄, 나도 지금 내가 무슨 짓을 하는지 잘 모르겠어! 하지만 지금 난 아무 짓도 하지 않는다는 것은 알고 있어. 나는 지금 이 세계가 지옥으로 떨어지는 마당에 교통체증 속에서 거북이처럼 느릿느릿하게 갈 수는 없어." (Tim LaHaye and Jerry Jenkins, Nicolae: The Rise of Antichrist, vol. 3 of Left Behind series [Wheaton, Ill.: Tyndale House Publishers, 1998], 9-10)

벅의 결정, 즉 차선을 따라서 우회한다는 것은 소설 『남겨진 자』의 정신을 완벽하게 보여주는 이미지다. 다시 말하면, 종말의 시간은 우리들에게 임했고 오직 개인적인 구원만이 중요할 뿐이라는 것이다. 그러므로 그들의 목표는 최고의 속도를 내며 달리는 십만 달러 가치의 비싼 차, 즉 랜지 로버(Range Rover)와 같은 차를 사기 위해 자동차 판매상을 찾아가는 것과 마찬가지다. 지구가 마지막 7년만 필요로 한다면, 휘발유 주행거리와 지구 온난화는 거의 고려될 필요가 없다.

소설 『남겨진 자』의 폭력적 매혹은 다음의 소설들에서 단계적으로 확대된다. 즉 『남겨진 자』에 이어서 등장한 소설 『재앙의 세력』(Tribulation Force)은 고에너지빔무기(Directed Energy Weapon, DEW)과 같은 무기를 사용하는 내용을 종종 취급하고 있다. 비록 찰로에의 총이 단순한 "고대 루거"(ancient Luger, 1898년 독일에서 제작된 자동권총)임에도 불구하고 그들은 이러한 폭력적 무기를 언급하기를 좋아한다.[18] 한 그리스에 사는 신앙인은 소설 『남겨진 자』의 무기와 기도를 다음과 같이 분명히 말한다: "어떤 사람이 기도하는 동안에는 일 처리하기가 수월하다. 왜냐하면 어떤 사람은 내가 기도하는 동안 여분의 무기를 자신의 가방에 넣을 것이기 때문이다. 하나님 우리는 당신께 감사드립니다....[이 표현은 아마도 기도라는 신앙적 표현으로 사람들의 정치적 감각을 둔하게 만드는 것을 비판하는 내용인 것 같다]."19 이것은 상식적인 삶이 아니다. 그러나 무기와 기도는 『남겨진 자』 신학에서 대등한 것으로 묘사되고 있다. 즉 그리스도께서 마지막 날을 준비하는 자세로 적그리스도와 전투를 벌일 준비를 한다는 것이다.

이러한 폭력적이고 격렬한 시나리오의 정당성은 인류가 이미 낭떠러지의 끝자락에 와 있다는 것에서 비롯된다. 비록 역사에서 마지막 "신의 운명"의 순간에 새로운 지도자가 이스라엘과 맺는 7년간의 조약이나 적그리스도의 등장과 휴거가 있기까지 공식적으로 시작하지는 않더라도, 모든 휴거신봉자들은 오늘날 종말이 시작되었다는 것을 글과 영화 등의 매체를 통해서 제공하고 있다. 헤기는 이미 종말이 911 사건(September 11, 2001)으로 시작되었다고 주장한다. 그는 "세상이 종말로 향하는 진통을 겪고 있다"고 BBC 인터뷰에서 말했다. 그리고 이어서 그는 이렇게 단호히 말한다: "나는 제3차 세계대전이 시작되었다고 믿는다. 그리고 그것의 시작은 바로 911이다."

헬 린지(Hal Lindsey)는 1948년 이스라엘의 재생이 도화선이 되었다고 한다. 역사는 이제 폭약의 도화선이 당겨진 것처럼 세상의 끝으로 치닫고 있다. 그 속도는 점점 빨라지고 있다.

우리는 예수가 다시 오신다는 것을 믿는다. 우리는 이것을 믿는다. 기독교인은 마치 세상의 종말이 내일 당장 올 듯이 믿고 사는 사람들이다.

그러나 결정적으로 우리에게는 다른 점이 있는데, 그것은 다음의 질문에서 드러난다. "만일 당신이 세상의 종말의 순간에 살아간다면 당신의 삶은 어떨까?" 이 질문이야말로 휴거론자와 고전적인 기독교들 사이의 차이를 인식하게 하는 결정적인 것이다. 휴거론자들은 아마도 앞의 질문에 "벙커"(bunkers), "안전성이 높은 위성 전화"(high-security satellite phones), 그리고 "컴퓨터"(computers)와 같은 개념으로 대답할 것이다. 소설『남겨진 자』에서 휴거 되지 못한 한 목사는 재난의 세력과 함께 지하의 세계에 "벙커"를 만드는 인물로 등장하며 급기야 그 목사는 인터넷을 통하여 복음을 전도한다. 각각 구성원들은 적 그리스도보다 훨씬 월등한 컴퓨터 장비, 위성 전화, 그리고 암호화의 기술들로 무장한다. 벅이 지적한 것처럼, "돈은 대상이 아니야... 나는 무제한의 강력한 컴퓨터를 원해! 그리고 내가 원하는 모든 사람과 전송장치의 도움 없이 접속하고.. 내가 원하는 것은 바로 이것! 도니(Donny), 그리고 나는 좀 더 빠른 접속을 원해!"20

이러한 "벙커" 정신은 전통적인 기독교인의 이해에 반대되는 것으로서 마틴 루터(Martin Luther)가 종종 언급하는 것과도 상반되는 개념이다. 그는 "만약 내일 종말이 온다는 것을 내가 안다면, 나는 한 그루의 나무를 심을 것이다"라고 이야기한다. 루터는 이 세상을 깊이 사랑하시는 하나님을 이야기하고 있는 것이다. "하나님의 나라는 이 땅에 임한다"는 것은 예수께서 가르쳐 주신 기도이다. 그분의 기도는 결코 이 세상을 떠나거나 "벙커"로 도피하는 기도가 아니라, 하나님의 통치가 이 땅에서 이루어진다는 기도이다. 그리고 그 나라는 바로 우리들을 통해서 실현된다고 루터는 설명한다.

만약 이 세상이 종말을 향해 나아간다면, 그렇다면 우리가 인생을 어떻게 살아가야 할지를 신약성서는 분명히 말하고 있다. 이는 요한묵시록이나 신약성서의 다른 책들의 중심적인 내용이기도 하다. 초기 기독교인들은 확고히 그들이 세상의 끝자락에 살고 있다고 생각했다. 바울은 모든 기독교인들이 그리스도의 재림이 있기까지 생존해 있을 거라고 고린도전서에서 말한다. 그럼 그들은 어떻게 살았는가? 그들은 세상의 종말을 앞두고 집밖으로 나가 생필품을 사들였는가? 그들은 악의 세력을 폭력으로 무찌르기 위해 지하세계에서 고도의 기술로 무장된 파멸의 세력이 되었는가?

아니다! 그들은 서로를 돌보아 주며 그들의 이웃을 향해 마음을 열었다. 이웃을 사랑하고 나그네를 먹이는 일이 바로 세상의 끝자락에 살았던 기독교인들의 삶의 자세였다. 그들은 함께 모여 하나님을 예배하였고, 칠레의 요한묵시록 신학자인 파블로 리차드(Pablo Richard)가 초기 기독교인들의 윤리를 잘 설명하였듯이, 그들은 "예수께서 세상의 제국(The Roman Empire)에 대신하는 공동체를 이 땅에 세우셨다는 것"을 믿었다.[21] 초기 기독교인들은 가난한 사람들이었다. 그들은 죄수를 방문하여 그들에게 빵을 주고 하나님과 어린양에 대한 노래를 불러 준 사람들이었다. 2세기경 기독교의 반대주의자였던 로마시대의 정부 고위관리자였던 플리니(Pliny)는 그의 황제 트레잔(Trajan)에게 다음과 같이 기독교인들의 행위를 보고하였다: "기독교인들은 죄인들과 연대하는 사람이 아니라, 그들 스스로 공적인 맹세를 합니다. 그들은 도둑질, 강도, 간통을 하지 않고, 심지어 그들이 한 말을 지키는 신실한 사람들입니다. 그들은 자신들이 진 빚을 기꺼이 갚는 사람들입니다."[22]

초기 기독교인들은 자신들의 공동체를 양육하였다. 헬라어 "코이노니아"(Koinonia) 또는 "교제"(Communion)는 그들에게 있어서 중심적인 의무였다. 그들은 결코 소설 『남겨진 자』에서 말하는 "재앙의 세력"(Tribulation Force)과 같은 당원들이 아니었다. 그들은 하나님의 새로운 공동체로서 기쁨의 교우들이었다. 요한묵시록은 그들의 삶의 모습을 "시련을 견디는 사람" 또는 "저항하는 사람"이라고 부른다(헬라어 *hypomene*은(시련을 견디는 사람)은 요한묵시록 1장 9절에 처음 언급되고 그리고 뒷장에서도 여러 번 등장하는 단어다). 그들의 고난의 인내성과 전폭적인 삶은 초기 기독교인들이 당시 로마제국에 대항하였다는 것을 보여준다. 비록 그들은 당시 제국에 저항하는 사람들이었지만 폭력적인 방법이 아니라, 희생하는 "양"(Lamb)의 비전으로 살아갔다. 당시 그들의 용감한 모습과 기쁨의 삶을 지켜보는 사람들은 놀라지 않을 수 없었다.

초기 기독교인들은 싸우지 않았다. 그들은 사랑의 무기라는 개념의 영적인 전쟁을 치른 사람들이었다. 그들은 원수를 사랑했고 자신을 핍박하는 사람을 위해서 기도하는 사람들이었다. 그들에게 고도의 기술이나 기적의 힘 같은 것은 없었다. 그들을 핍박하는 사람들조차도 기독교로 개종하게 되었다. 순교자 역시 위에서 말하는 사랑의 힘에 대한 강력한 증인들이다.

소설 『남겨진 자』와 같은 극단적 기독교 소설은 초기 기독교인들의 종말에 대한 이해와는 완전히 정반대되는 이해를 보여준다. 이 소설의 등장인물들, 레이포드(Rayford), 벅(Buck), 클로에(Chloe), 그리고 그 외 다른 인물들은 자신들의 삶을 적 그리스도를 추적해서 적 그리스도를 피해가기 위하여 컴퓨터와 인터넷을 하며 시간을 보낸다. 오직 미세한 시간만이 "위의 세계"(above ground)에 대한 관심과 이웃에 대한 사랑을 보여준다. 이 소설 그 어느 곳에서도 "하나님은 이 세상을 사랑하신다"라는 메시지는 발견되지 않는다.

소설 『남겨진 자』가 내포하는 의미를 풀어 나가면서 나는 이러한 결론을 얻게 되었다. 오늘날 우리는 종말에 대한 정상적인 윤리적인 명령들을 주장해야 한다는 것이다. 즉 사람들로 하여금 폭력과 환경파괴에 대한 윤리의식을 일깨워야 한다는 것이다. 만일 우리가 무기의 증식화를 염려하지 않는다면 이는 폭력을 미화시키는 결과를 초래하게 된다. 만일 당신이 이 세상을 치유하는 마음이 없다면 공해와 소비문화의 찬양은 당연한 일이다. 휴거 비전은 우리를 이와 같은 이기적인 삶으로 초대한다. 그것은 구원의 개념을 한 개인적인 401(k)의 계획으로 돌린다.

이 책에서 나는 요한묵시록에 대한 다른 시각을 소개하고자 한다. 그러면서 내가 바라는 바는 현재 우리가 직면한 휴거론에 반대하여 "전통적인"해석을 다시 강조하고 싶은 것이다. 나는 휴거 찬양론자의 예언서에 대한 잘못된 이해 ― 미래에 대한 점쟁이 식의 해석 ― 를 비판하면서, 더 나아가서는 오늘날 인류가 직면한 환경위기에 대한 하나의 대안적인 답으로서 요한묵시록을 해석하는 관점을 제공하고자 한다.

2
꾸며낸 이야기로서의 휴거

10살 "조시"(Josh)가 학교에서 집으로 돌아왔을 때, 집은 텅 비어 있었다. 보통 조시가 집에 돌아오는 시간이면 그의 어머니가 집에서 반겨 주었는데 그 날은 어머니가 집에 없었던 것이다. 아마도 조시의 어머니가 가게에 물건을 사러 갔던가 아니면 이웃집에 잠시 볼일 보러 갔을지도 모른다. 하지만 조시는 두려운 마음이 들었다. 혹시 자기만 『남겨두고』(Left Behind) 가족 모두가 휴거 된 게 아닌가 하는 두려움 때문이었다.

이 이야기는 지금은 성인이 된 나의 신학교 동료 조시가 자신의 소년기 시절의 경험을 요한묵시록 수업시간에 들여준 것이다. 다른 동료들도 그의 어린 시절 휴거에 대한 두려움에 절대적으로 동감하였다. 예수께서 다시 오실 때 하늘로 잡아채어 올림을 받기 위해서 어린 기독교 신자들은 착하게 살기를 교육받았다. 그들은 산타클로스가 하늘에서 내려오듯이 하나님도 그렇게 오신다고 믿는다: "울지 말고, 주시해라!" 그러나 기대되지 않은 시간에 마을이나 도시에 다시 오시는 분은 산타가 아니라 예수이시다: "그는 네가 자고 일어나는 모든 일과를 알고 계신다. 그리고 그는 네가 착한 어린이인지 나쁜 어린이인지도 알고 계시니까, 착하게 살아라!"

기독교인의 캠프노래들은 어린이들에게 마치 우주미사일을 발사하기

전 카운터다운 하듯이 휴거를 다음과 같이 가르친다:

열 그리고 아홉, 여덟 그리고 일곱, 여섯 그리고 다섯;
숫자를 세는 동안 구원자를 불러라!
삼 그리고 둘, 구름위로 밝은 치장으로 내려오고 계신다.
날마다 카운터 다운이 점점 가까워지고 있다.

한 장로교 목사는 나와 이 노래에 대해서 이야기 하다가, 갑자기 자신의 어린 시절 예상치 못한 불길했던 한 가지 경험에 대해서 이야기하였다. 그리고 내가 휴거에 대해서 이야기할 때, 그는 와르르 몸을 떨면서 공포를 느끼고 있었다: "나는 아마도 휴거충격 때문일 것이라고 생각했는데, 사실 그게 아닌 것으로 생각한다."

휴거에 대한 종교적 열정과 두려움—이 원리는 오직 170년 전 날조된 것임—이런 감정들은 성서가 공급하는 감정과는 거리가 멀다. 카운터다운의 이미지는 완벽하게 휴거신학과 그러한 종말 신학이 어떤 것이지를 잘 보여준다. 기독교인의 종말에 대한 영화들은 스릴러물의 시장을 장악해 왔었다. 1972년 영화 『밤의 도둑』(A Thief in the Night)은 "전 세계 3억 이상의 사람이 관람한 세상의 종말에 대한 가장 인기 있는 영화"로 인정받는다. 여주인공은 성서의 예언적인 경고를 무시하고 진리는 서서히 베일을 드러낸다. 그녀는 과연 생동적인 탈출을 할 수 있을까? 그 절정은 정말 매혹적이다!

『클라우드 텐 픽처스』(Cloud Ten Pictures)의 삼부작, 묵시록, 묵시록, 그리고 재앙은 실제 할리우드 스타들, 즉 게리 부세이(Gary Busey), 메갓 키더(Margot Kidder), 그리고 코빈 번센(Corbin Bernsen)을 고용한다. 최근에 들어와서 라헤(LaHaye)와 제리 젠킨스(Jerry Jenkins)의 소설 『남겨진 자』(Left Behind)의 2000년 버전이 기독교 미디어의 거대한 바람을 몰고 오고 있다. 그러나 이런 부류의 기독교 미디어는 주류 미디어 세계에서 거의 무시를 당하고 있는 것이 현실이다.

이산가족 이미지는 휴거소설과 기독교 미디어를 구성하는 하나의 중요한 소재다. 비행기 안에 테디 베어가 그려진 내의와 아기의 기저귀만 남겨진 광경을 카메라가 조명하면서 동시에 공포에 질린 부모는 "내 아기! 내 아기!"하며 울부짖는다. 12세 이하의 모든 어린이는 사라진다. 비행기와 자동차는 불덩어리에서 충돌한다. 미디어의 공식선포는 온 지방에서 다음과 같이 전해진다: "기차들이 정면충돌하여 사람의 시체가 온 사방에 나뒹군다."[1] 기술자들은 충돌을 막기 위한 정지장치를 작동하기 이전에 이미 휴거 되었다.

이 땅의 "수많은 죽음"을 가져오는 7년 대재앙 이전에 기독교인들만 하늘로 잡아끌어 올려진다고 정말 성서가 말하고 있을까? 휴거는 오늘날 미국의 기독교인들에게 깊숙이 자리 잡고 있다. 그러나 이 휴거의 역사는 실제로 200년도 안 된다.

성서의 그 어떤 곳에서도 휴거에 대한 언급은 없다. 이는 오늘날 휴거 신학자로 가장 유명한 라헤와 린지도 인정하고 있는 사실이다. 또한 성서는 휴거신학자들이 주장하듯이 하나님의 예언적인 시간표 [역사]를 펼치는 비전을 제공하지도 않는다. 라헤는 2002년 출판한 그의 책 『휴거: 대 재난은 누구에게 닥치는가?』(*The Rapture: Who will Face the Tribulation?*에서 이렇게 말한다: "[휴거에 대한] 상세한 내용은 성서를 통해서 보완되어야 한다." 라헤(LaHaye)는 그의 아내 베브리(Beverly)와 함께 세상의 종말에 대한 수많은 책을 써 왔고, 우파 즉 보수적인 기독교인의 정치적 경향을 대변하는 사람으로 대표된다.

대부분의 기독교인들과 성서 신학자들은 휴거는 비 성서적인 것으로서 기독교 신앙을 왜곡한다는 이유로 비판한다. 그들은 교회를 대표하는 많은 비평가들로서, 미주리 총회 루터교(Missouri Synod Lutheran), 카톨릭교회(Roman Catholic), 그리고 진보적인 장로교(Liberal Presbyterians) 사람들이다. 많은 복음적인 교회와 지도자들은 휴거신학을 최근에 발생한 편향된 신학이라며 이를 거부한다. 그러나 교회와 교단의 휴거에 대한 비평은 휴거확산의 문제와는 거의 관계가 없다. 휴거는 방송매체를 통한 설교자와 린지와 같은 작가들의 글, 『마지막 행성 지구』(The Late Great Planet Earth)나 소설 『남겨진 자』(Left Behind)와 같은 근래의 소설을 통해서 많은 미국 기독교인들의 신앙과 그들의 성서 이해에 중심적인 것이 되어 가고 있다.

다비의 휴거(Darby's Rapture)

휴거의 기원은 19세기로 거슬러 올라갈 수 있다. 한 비평가에 의하면 이는 한 소녀의 비전에서 출발한다.[2] 1830년 스코트랜드의 한 마을 포트 글래스고(Port Glasgow)에 15살의 마가렛 멕도날드(Margaret MacDonald)가 한 치유집회에 참석하였다. 그녀는 예수의 두 단계 재림에 대하여 그녀가 본 비전을 말하고 있었다.[3] 그녀가 본 비전은 영국 복음주의 설교자이면서 플리머스 회원(Plymouth Breathren)의 창시자인 잔 넬슨 다비(John Nelson Darby)에 의해 받아들여졌고 강화되었다.

그 당시에도 예수께서 다시 오신다는 것은 그다지 새로운 것은 아니었다. 기독교인들은 언제나 그랬듯이 예수께서 다시 오신다는 것과 재림의 희망을 가지고 항상 깨어 있어야 함을 가르쳐 왔었다. 이러한 가르침은 고대 기독교인들의 기본적인 교리였고 모든 교회들은 이를 가르쳤다. 그러나 다비(Darby)의 휴거는 조금 다르다. 그는 그리스도의 재림이 두 번에 걸쳐 일어난다고 한다. 첫 번째 재림은 비밀리에 이루어지는데 교회를 하늘로 휴거시키기 위한 것이고, 두 번째는 7년간의 이 땅에 벌어질 대 환난 후 예루살렘에 세워질 왕국을 중심으로 다시 오신다는 것이다(그들은 이를 디도서 2장 13절의 한 구절을 기초하여 "영광스러운 출현"이라고 부른다). 다비와 그의 동조자들은 그리스도의 두 단계의 재림에 대한 성서의 근거를 조사하였다.

비록 "휴거"라는 단어가 성서에는 없는 말이지만, 바울 서신 중 하나인 데살로니아 전서의 헬라어 동사 "집어 올림"의 라틴어 번역인 *raptio*에 그 근거를 둔다: "그 다음에, 살아남은 우리가 그들과 함께 구름 속으로 이끌려 올라가서, 공중에서 주님을 영접할 것입니다"(데살로니아 전서 4:17).

다비(Darby)는 1859년과 1877년 사이에 미국으로 여러 번 선교여행을 하였고 이 선교여행을 통해서 많은 휴거개종자들을 만들었다. 다른 광신적인 종말론자, 즉 제7일 재림주의의 창시자 윌리암 밀러(William Miller, 그는 1840년대에 세상에 종말이 올 것이라 했음)와는 달리, 그는 그리스도 재림의 특별한 시기와 날짜를 정하는 행위는 자제하였다.

그 대신에, 그는 "신이 정한 섭리들"(Dispensations)의 개념을 창안하였는데, 이는 세상의 모든 사건들에 대한 하나님의 시간표[역사]가 존재한다고 하였다. 바로 이러한 관점에서 "세대주의"(Dispensationalism)가 등장하게 되었는데, 이는 다비의 주장에 근거한 종말에 대한 특별한 체계 또는 학파이다 ["세대론"은 종말론에 대한 하나의 신학적 견해로서 다음과 같은 특징이 있다. 역사는 정해진 시간이나 신의 의지대로 흘러가며, 성서에 대하여 문자적인 해석을 시도한다. 그리고 교회와 이스라엘의 개념을 뚜렷이 구별하면서 예수가 재림할 때 이루어질 천년왕국을 믿는다. 참고문헌: C. Bass, *Backgrounds to Dispensationalism* (Grand Rapids, 1960); C. A. Blaising and D. L. Bock, *Progressive Dispensationalism* (Wheaton, Ill, 1993); L. S. Kraus, *Dispensationalism in America* (Richmond, 1958); and C. C. Ryrie, *Dispensationalism Today* (Chicago, 1965)]. 다비에 따르면, 하나님은 인간의 역사를 7가지의 섭리, 시대, 그리고 하나님이 다른 방식으로 인간들과 함께 머문 시대로 구분하였다고 한다. 세대주의 종말론은 역사의 엄격한 마스터 플랜을 펼친다.

다비의 이런 체계를 대중화하는 한 가지 중요한 도구가 있는데, 그것은 1909년 출판되어 하나의 베스트셀러가 되었던 『스코필드 인용성서』(*Scofield Reference Bible*)가 바로 그것이다. 이것은 "근본주의자들의 문헌에서 가장 중요한 도서"로 간주되어 왔다. 비판가들에 의하면, 싸이르스 스코필드(Cyrus I. Scofield)는 조금 미심쩍은 사람으로서 기독교로의 개종이후에도 돈을 횡령하고 사기죄로 감옥에서 6개월을 복역하기도 하였다. 그리고 그는 아내와 딸도 냉정하게 버렸다.[4] 스코필드(Scofield)는 자신의 주석을 단 『스코필드 인용성서』를 통해서 크게 성공한 사람이다. 그는 킹제임스 성경에서 다비(Darby)의 체계를 통해서 각각의 예언적인 메시지 부분에 세대주의 종말론에 대한 주석을 달았다. 이 책은 수백만 권이 팔렸고, 20세기 한 시대를 줄잡아 미국인들이 즐겨 찾아 읽었던 성서 중 하나가 되었다. 스코필드는 머리말과 주석을 성서의 본문과 함께 잘 엮어 놓았고, 이전의 그 누구도 행하지 못했던 성서의 권위적인 수준으로 세대주의 종말론을 안주시켰다.

"예언에 대한 학회들"이나 "라디오 프로그램"들은 종종 시카고의 무디 바이블 학교(Moody Bible Institute)나 다비의 역사관이나 종말에 대한 체계를 가지고 있는 신학교나 성서학교로부터 재정적인 스폰서를 받는다. 초기 세대주의 창시자들은 시카고의 부유한 사업가들의 도움을 받았다. 예를 들면, 윌리암 블렉스톤(1878년에 출판된 『예수가 오신다』의 저자)은 열렬한 시온주의자 이면서 루이스 체이프(Lewis Chafer, [달라스 신학교의 창시자])의 사람이었고, 달라스 신학교(Dallas Theological Seminary)의 세대론 훈련센터를 창립한 장로교 사람이다. 다비는 수많은 달라스 신학교 졸업생을 끌어 들였다. 예를 들면, 1952부터 1986년까지 이 학교의 총장이었던 존 왈부드(John Walvoord), 찰스 라이리(Charles Ryrie), 헬 린지(Hal Lindsey), 그리고 TV 설교자들을 영입시켰다.

"나는 존 다비와 같은 사람을 위해서 기도한다"라고 린지(Lindsey)는 자신의 베스트셀러인 『마지막 위대한 행성지구』(The Late Great Planet Earth)에서 쓰고 있다. 이 책은 세계 제 2차 대전의 냉전시대와 1970년대의 핵무기와 같은 정치적인 이슈들을 통하여 다비(Darby)의 체계를 발전시킨 것이다. 린지는 자신의 이론을 세계정치의 변화에 적응하기 위하여 계속해서 교정하였다. 그는 가장 최근의 그의 작업에서 구 소련의 적그리스도 이미지를 이슬람 종교에 대치시켜서 새로운 이론을 정립하였다. 지난 30년간 라헤의 많은 글들 역시 다비의 체계(Darby's system)에 따른 것이다.

사람들은 휴거신학과 함께 다비의 세대주의 종말론적인 체계에 매혹을 느낀다. 왜냐하면 이것은 마치 1920-30년대의 진화론을 강타한 과학처럼 포괄적이고 추론적이기 때문이다. 19세기 다윈 진화론의 위세와 더불어 사람들은 과학적 견해와 적절히 맞물리는 이성적이고 합리적인 성서적인 "체계"(system)에 응답하고자 하였다. 이러한 응답의 지지자들은 성서의 그 어떤 한 구절도 세대주의 종말론을 지지해 주지 않는다고 인정한다. 그럼에도 불구하고, 그들은 그리스도의 두 단계 재림에 대한 하나의 철저한 체계를 위해서 다비의 세대주의 종말론이 필요하다고 주장한다. 비록 이것이 성서의 내용과는 거리가 멀다고 해도 그들은 오직 하나의 체계를 세우기를 원했다.

인간 역사에 대한 이러한 구별적인 원리 없이, 하나님은 세상을 다른 방향으로 움직이신다. 그들은 "성서는 하나의 완전한 통일성을 보여주지 않는다. 다만 성서의 기록을 우의적으로 해석해야 하는데... 이는 성서가 보여주는 대립적인 내용을 이해하기 위해서 필요하다."[5] 그들은 성서를 과학적인 수준에서 해석한다면, 이러한 성서자체의 대립과 모순을 해결할 수 있다고 믿었다.

다니엘서의 예언적인 카운터다운 구성하기

종말에 대한 성서적인 배경을 이해하기 위해서 우리는 요한묵시록 훨씬 이전의 성서적인 배경으로 돌아가야 한다. 다비나 세대주의 종말론을 주장하는 사람들의 입장에서 볼 때, 종말에 대한 하나님의 계획은 이미 구약성서에서 시작되었다. 다비의 종말론 전체는 구약성서 다니엘서 중 9장의 마지막 세 줄에만 기초하였다.

다니엘 9:25-27은 이스라엘 역사 중 70주의 연대기를 제공한다. 그들은 다니엘 묵시문학에서 1일은 1년을 대표한다고 한다. 불확실한 다니엘의 묵시를 어떻게 이해할 것인가? 이 질문은 바로 전통적인 기독교 교리와 세대론 주의자들을 구분하는 결정적인 것이다. 문제의 다니엘서의 세 줄은 이스라엘 역사 490년을 다음과 같이 기록한다:

> 그러므로 너는 다음과 같은 사실을 깨달아야 한다. 예루살렘을 재건하고 보수하라는 말씀이 내린 때부터 기름을 부어 세운 왕이 오시기까지는 일곱 이레가 지날 것이다. 그리고 예순 두 이레 동안, 예루살렘이 재건되어서 거리와 성곽이 완성될 것이다. 이 기간은 괴로운 기간일 것이다. 예순 두 이레가 지난 다음에 기름을 부어 세운 왕이 부당하게 살해되고, 아무도 그의 임무를 이어받지 못하게 될 것이다. 한 통치자의 군대가 침략해 들어와서, 성읍과 성전을 파괴할 것이다. 홍수에 침몰되듯, 성읍이 종말을 맞이할 것이다. 피할 수 없는 전쟁이 끝까지 계속되어, 성읍이 황폐하게 될 것이다. 침략하여 들어온 그 통치자는 뭇 백성과 더불어 한 이레 동안의 굳은 언약을 맺을 것이다. 그리고 한 이레 반이 지날 때에 그 통치자는 희생제사와 예물 드리는 일을 금지 할 것이다. 그 대신에 성전의 가장 높은 곳에 흉측한 우상을 세울 것인데, 그것을 거기에 세운 사람이 하나님이 정하신 끝날을 맞이할 때까지 그것이 거기에 서 있을 것이다(다니엘 9:25-27).

대부분의 학자들은 위에서 언급된 "황폐화"와 "종말"은 이미 과거의 일이라고 주장한다. 즉 폭군 황제 안티오쿠스 에피파네스(Antiochus Epiphanes)가 유대인의 성전을 모독하고 그 성전에 헬라신 제우스(Zeus, 기원전 168년)상을 세운 사건을 의미한다고 설명한다(다니엘서 11:31을 참조하라). 다니엘서는 사실 다니엘 당시의 고통받는 사람들의 정치적인 억압적 현실을 변화[개벽]하기 위해서 사용된 묵시문학이다.

그러나 다비나 그의 지지자들은 다니엘서의 유대인 성전의 모독시기인 마지막 70주가 아직 일어나지 않은 미래의 것이라고 믿는다. 즉 다니엘서는 "성취되지 않은 예언"으로서 가까운 미래에 일어날 사건이라는 것이다. 다비나 세대주의 종말론자에 따르면, 다니엘서 예언의 첫 번째 483년은 고대 이스라엘 역사에서 69주를 다 채운 이미 성취된 것이라고 한다.

세대주의 종말론은 미래에 어떠한 사건이 일어날 것이라고 주장한다.

예수 그리스도의 십자가의 처형과 함께 "하나님은 명백히 예언적인 스톱워치를 멈추었다"고 한다. 린지는 로마가 예루살렘을 멸망시킨 후(기원후 70년), "시계의 바늘은 그대로 멈춰 버렸다"고 주장한다.[6]

하나님은 예언의 시계를 2,000년 동안이나 멈추었다. 왜냐하면 유대인들이 그들의 메시아이며 왕으로 면류관을 쓰신 예수를 거절하였기 때문이다. 하나님은 인간의 역사에서 또 다른 섭리를 펼치기 위하여 시계를 멈추고 다시 다른 계획을 세울 수밖에 없다. "하나님은 강요받았다"(God was forced) 라는 말과 함께 세대주의 종말론 자들은 전통적인 신학이 결코 허용할 수 없는 길로 하나님을 몰고 가는 것이다.

세대주의 종말론에 의하면 이스라엘의 예언 시계는 지금까지 2,000년 동안이나 멈추었는데, 우리는 현재 다니엘서에서 말하는 69주와 70주의 중간에 해당되는 "괄호로 묶인 시간"(patenthesis) 또는 "공백"(gap)에 끼여 있는 시간을 살아가고 있다고 한다. 이것은 위에서 살펴 본 것처럼 다니엘서 전체 중 단지 3줄에 기초한 아연실색할 논리가 아닐 수 없다. 그럼 기독교 교회역사, 즉 "교회를 향한 하나님의 섭리," 또는 "교회 시대"가 "하나님의 위대한 괄호로 묶은 시기"로서 일시적 중단의 시기에 해당하는가? 하나님은 신실한 기독교인들을 이 땅으로부터 끌어올리는 휴거를 통해서 "교회"[기독교의 역사]와 "이스라엘"[유대교의 역사] 사이를 구별하시는가? 이 둘 역사사이의 뚜렷한 구별은 세대주의 종말론의 중심된 논리이다. 그런 후에 예언 시계는 다시 마지막 "주"(week)를 향해서 달려가는가? 그들은 바로 이러한 내용들이 다니엘 9장 27절에 모두 다 기록되었다고 세대주의 종말론은 주장한다.[7]

다니엘서에 대한 이런 식의 해석은 대부분의 주요교단인 카톨릭, 루터란, 감리교, 장로교, 그리고 많은 복음주의자들을 당혹하게 한다. 만약 이들이 실제로 다니엘서를 이런 식으로 이해한다면 마지막 한 주가 오기 전에 2,000년의 괄호로 묶은 시간을 다니엘서에서 발견할 수 없다고 비판한다. 휴거론자의 주장인 괄호로 묶은 시간 개념은 성서본문에 자신들의 의견을 끼워 넣는 행위라는 결과를 낳았다. 왜냐하면 그들은 휴거에 대한 성서적인 배경 또는 이스라엘 역사와의 관련성을 주장해야 하기 때문이다. 그러나 이러한 문자적인 해석은 성서에 대한 억지 해석으로서 성서의 원래언어였던 헬라어와 히브리어 본문 속에 연대기적인 공백을 삽입할 수 있는 그 어떤 명백한 증거가 없다.[8]

공백(gaps)의 하나님

세대주의 종말론은 성서에 나오는 예언들에다가 "공백"(gaps)이라는 개념을 삽입하는 부분에 있어서 전문가들이다. 종종 그러한 공백들은 필요할 때가 있는데 그 이유는 "성취되지 않은 예언"으로서 예수의 이미지는 예수가 예루살렘에서 다윗의 권능으로 아마겟돈 전쟁에서 승리한 이후에 이루어지는 것이라는 주장에서 기인한다. 예수는 아직 왕이 아니라는 관점은 그들로 하여금 수천 년의 공백과 함께 성서를 자기들 입맛에 맞게끔 찢어버릴 수 있는 명분을 준다.

예를 들면, 샌 안토니오 지역의 목사이자 저술가인 존 헤기(John Hagee)는 이사야서 9장 6절의 첫 부분은 예수의 탄생으로 성취되었다고 본다: "한 아기가 우리에게서 태어났다. 우리가 한 아들을 얻었다." 그러나 두 번째 부분은—"그는 우리의 통치자가 될 것이다. 그의 이름은 기묘자, 모사"—아직 성취되지 않은 예언이다. 그는 이렇게 말한다: "두 번째 부분은 예수의 탄생 이후에 성취되는데, 예수의 미래는 천년왕국이 될 것이다. 따라서 이사야 9장 6절은 실제로 역사에서 두 개의 광범위한 사건을 말하고 있는 것이다."[9] 더 이상 말할 필요 없이, 대부분의 학자들은 천년동안의 공백은 하나의 삽입으로서 세대주의 종말론이 완전히 꾸며낸 이야기라고 설명한다.

이러한 "공백"의 의미는 세대주의 종말론의 주장으로서 이스라엘과 교회의 관계를 분리하는 배타적인 관점에서 기인한다. "교회의 섭리"와 "이스라엘의 섭리" 사이의 명백한 분리는 다비(Darby)에 있어서 아주 중요한 것이다. 세대주의 종말론은 교회가 이스라엘이라는 개념보다 월등하다고 생각하는데 열중하도록 교육받은 사람들이다. 하지만 교회가 이스라엘과 엄격히 구별된다는 것은 신약성서에 위배되는 것이다. 이방인들도 이스라엘에 대한 하나님의 약속에서 동일한 선상에 있다는 것이 신약성서의 관점이다. 하나님이 이스라엘과 교회를 구분하기 위해서 교회를 휴거 시킨다는 것은 그 어떤 성서적인 근거가 없는 것이다.

역사에서의 "공백"은 세대주의 종말론의 주장에 의해서 필연적으로 따르게 되는데, 성서의 모든 구체적인 구절들이 상세히 역사 안에서 실현되어야만 한다는 것이다. 만약 이런 기준이 정확히 들어맞지 않는 구석이 있다면—비록 그것이 성서에서는 이미 성취된 것으로 진술되어 있다 하더라도—그들은 그것들을 "성취되지 않은 예언"의 부류에 끼워 맞춘다. 예를 들면, 사도행전 2장의 베드로는 교회의 출현이 구약성서 요엘의 예언인 "마지막 날"에 기인하였다고 진술한다:

> 이 일은 하나님께서 예언자 요엘을 시켜서 하신 말씀대로 된 것입니다. "하나님께서 말씀하셨다. 마지막 날에 나는 내 영을 모든 사람에게 부어 주겠다. 아들과 딸들은 예언을 하고, 젊은이들은 환상을 보고, 나이든 사람들은 꿈을 꿀 것이다. 그 날에 나는 내 영을 남종과 여종에게 부어 줄 것이니, 그들도 예언을 할 것이다. 또 나는 위로 하늘에서는 기인한 일을

나타내고, 아래로 땅에서는 표적을 나타낼 것이니, 그것은 곧 피와 불과 자욱한 연기다. 주의 크고 영화로운 날이 오기 전에, 해는 변해서 어둠이 되고, 달은 변해서 피가 될 것이다. 그러나 주의 이름을 부르는 자는 구원을 얻을 것이다." (사도행전 2:16-21)

라헤(LaHaye)는 요엘서의 예언이 초대교회의 오순절 성령 강림 때에 성취되었다는 것을 부인한다. 왜냐하면 요엘서가 말하는 것처럼, "태양이 어둠으로, 달이 피로 변한 일은 생기지 않았기 때문"이라고 그는 역설한다. 라헤는 다음과 같이 뻔뻔스럽게 주장한다: "요엘서가 말하는 것은 오순절 성령 때가 아니라, 훗날 세상의 종말의 시기에 큰 재난으로 세상이 멸망할 때를 가리키는 것이다."[10] 하지만 라헤의 주장은 바로 사도행전 2장에서의 베드로의 진술과 상반된다. 이러한 답답한 문자주의자들은 성서에 대해서도 과감히 폭력을 행한다.

세대주의자들에게 있어서 가장 큰 문제는 다니엘서의 세 구절에 대한 해석인데, 바로 "미래에 대한 하나님의 연대기적이며 시간적인 관점"이다. 예수 자신이나 초대교회의 제자들은 다니엘서의 내용을 세대주의자들처럼 이해하지 않았다. 유대인 역시도 다니엘서를 그런 식으로 이해하지 않았을 뿐 아니라 다니엘서를 예언서로 고려하지도 않았다.

세대주의자들은 하나님이 세상의 모든 역사에 하나의 예언적인 계획을 제정하였다고 주장한다. 그리고 그 어떤 책보다도 다니엘서가 바로 이러한 하나님의 계획을 잘 드러낸다고 믿는다.[11] 그러나 역사에 대한 그러한 세대주의적 해석은 성서의 그 어떤 곳에서도 발견할 수 없다. 사도행전에서조차도 바울과 베드로가 하나님의 역사적인 계획인 예수에 대한 이야기를 할 때 인용한 구약성서 중 다니엘은 찾을 수가 없다.

세대주의는 루터교의 역사가 마틴 마티(Martin Marth)가 경고했듯이, 다비의 꾸며낸 이야기다. 마티는 세대주의적 종말론을 다음과 같이 비판

한다: "세대주의적 종말론은 영국의 한 작은 섬에서 고안된 200년도 채 안 되는 역사를 가지고 있으며, 이것이 미국으로 전이가 된 이후 점차 전 세계로 확산되고 있다. 이 세대주의 종말론이 위험한 것은 그것의 거짓된 신학자체 뿐 아니라 세속정치에 대한 놀라운 영향력 때문이다."[12]

휴거 또는 부활?
신약성서에서 말하는 예수의 재림

다비가 다니엘서를 기초하여 휴거와 세대주의적 종말론을 고안할 때, 성서의 모든 예언서들을 그가 창안한 역사관에 맞추어서 해석할 필요가 있었다. "마지막 시간들을 창안하는 것"은 하나의 집념이 되었다.[13] 린지가 다니엘서 9장 27절에 기초하여 구체적인 시간표[역사]를 만들 때, 그는 모든 다른 예언서를 그 시간표[역사관]에 적절히 끼워 맞추는 작업을 하였다고 한다. 신약성서에서 예수의 약속 중 "거처 할 많은 장소"[14]라고 언급한 요한복음 14장은 "휴거가 성서에서 첫 번째로 언급된 것이다"라고 라헤는 주장한다.[15]

그들에게 또 다른 유명한 신약성서 구절은 바로 디도서 2장 13절이다: "또 그것은 우리로 하여금 복된 소망을 갖게 합니다. 곧 위대하신 하나님과 우리의 구주이신 예수 그리스도의 영광이 나타나기를 기다리게 합니다." 휴거론자들에 의하면, "영광스러운 출현"은 7년간의 큰 재난이 지난 후에 일어나는 것이라고 한다. 물론, 디도서 그 자체에서는 "영광스러운 출현"이 "복된 소망"이라는 개념과 다르지 않다고 한다. 대부분의 성서학자들은 이 두 개의 다른 표현이 같은 내용을 담고 있다고 주장한다. 그러므로, "영광스러운 출현"과 "복된 소망" 사이에 7년이라는 공백이 있다는 주장은 어불성설이다.

세대주의 종말론이 휴거론을 뒷받침하기 위해 즐겨 인용하는 신약성서의 대부분은 예수의 부활이나 혹은 재림에 관련된 것인데, 이들의 주장이 성서적이지 않다는데 문제점이 있다. 부활은 기독교신앙의 기본적인 신조로서 고대 기독교 신조에서는 하나님이 죽음으로부터 예수를 일으켜 세웠음을 고백한다. 오늘날에도 이러한 고백은 여전히 교회 내에서 행해지고 있다. 그러나 부활은 휴거론자들이 말하는 것처럼 땅에서부터 하늘로 올라가는 것을 의미하지 않는다.

휴거론자들이 즐겨 인용하는 또 하나의 신약성서 본문은 고린도전서 15장이다. 소설 『남겨진 자』(Left Behind)에서 한 목사는 휴거가 일어날 때 혹시 남겨질지도 모르는 사람들을 위해서 비디오를 찍겠다는 생각을 한다. "앞으로 일어날 일들에 대해서 성서가 어떻게 이야기하는지 보여주겠다"라고 소설 속의 목사는 휴거 되지 못한 사람들에게 말하였다. "이 비디오테이프는 휴거를 미리 준비하기 위해서 만들어졌다. 그리고 나는 휴거 될 것으로 확신한다. 그것은 고린도전서 15장 15-17절이 말하고 있기 때문이다."[16] 그 목사는 비디오를 관람하는 청중에게 성 바울의 첫 번째 편지인 고린도서를 읽어 주었다:

> 보십시오. 내가 여러분들에게 비밀 하나 말씀드리겠습니다. 우리가 잠들 것이 아니라 다 변화될 것인데, 마지막 나팔을 불 때에 눈 깜짝할 사이에 홀연히 그렇게 될 것입니다. 나팔 소리가 나면, 죽은 사람은 썩지 않을 몸으로 살아나고, 우리는 변화할 것입니다(고린도전서 15:51-52).

이 소설에서 등장하는 목사는 바울의 표현인 "변화된"과 "살아나고"와 같은 고린도전서의 이러한 말씀이 마치 휴거를 이야기하는 것처럼 해석하고 있다. 그러나 이 말씀을 유심히 살펴보면 이것은 휴거를 말하는

게 아니라 죽음으로부터의 부활을 의미한다는 것을 알 수 있다. 이 말씀의 더 깊은 이해는 고린도 교회의 상황을 이해하면 더 잘 알 수 있는데, 당시 고린도 교회는 부활을 믿지 않았고, 바울은 그들에게 죽음으로부터의 부활을 가르치기 위해서 이러한 말을 한 것임을 알 수 있다. 바울은 고린도 교회의 교인들을 가르치고 있는 것이다. 바울이 비록 "변화된"이나 "살아나고"와 같은 단어를 사용하지만 실은 그가 의미하고 있는 것은 부활이다. 그럼에도 불구하고 세대주의 종말론은 고린도전서 15장을 휴거를 주장하기 위한 성서적인 배경으로 이해하고 있다: "이 모든 일들이 일어날 때, 이미 죽은 기독교인들이 다시 세상에서 숨 쉬고 살아가는 사람들로 변화되고 교회는 휴거 될 것이다"라고 소설 속의 비디오에서 말하고 있다.[17]

라헤는 그의 소설, 『남겨진 자』에서 휴거를 부활과 동등한 입장에서 해석하고 있다. "그리스도는 자신의 교회를 변형시키고 부활시키기 위해서 다시 오신다. 우리는 이것을 휴거라고 부른다."[18] 부르고 싶은 대로 불러라! 휴거를 정당화하기 위한 부활의 메시지들을 그렇게 도매 급으로 도용하는 자들아! 그들은 예수의 가르침, 즉 "나는 부활이고 생명이다"라는 말씀과 요한복음 11장에서 나사로를 살리신 것도 자신들의 정당성을 위해 도용할 것이다. 하지만 기독교 신학에서 휴거는 부활과 전혀 관계가 없다. 또 다른 하나의 휴거를 정당화시키는 것처럼 보이는 성서구절인 데살로니아전서 4장에서조차도 휴거에 대한 의미는 찾아볼 수 없다(이 책의 끝맺는 말을 보라).[19]

휴거론자들은 다른 성서의 구절들, 즉 예수의 재림에 대한 구절들도 자신들의 정당성을 주장하는데 사용하였다. 그리스도가 기독교들을 위해서 재림하는 것은 사실이지만 휴거와 같은 의미는 아니다. 고대의 기독교 신조에 따르면, "그리스도께서 살아 있는 자와 죽은 자를 심판하시고 그의 영원한 나라를 위해서 다시 오신다"고 고백하였다. 그러나 성서의 그 어떤 곳에서도 그리스도께서 "두 번에 걸친 재림"을 하신다고 이야기하고 있지 않는다(즉 세대주의 자들이 주장하듯이 7년간의 공백 기간을 두고 그리스도께서 재림하신다). 신약성서는 그리스도의 재림을 다양하게 묘사하는데, 때로는 하늘에 초점을 맞추고 때로는 땅에 그리고 어떤 구절들은 심판에 또 다른 구절은 구원에 초점을 맞춘다. 구약성서의 예언서는 더욱 다양하고 풍성하게 묘사하는데, 잔치나 파라다이스나 정원 혹은 녹색목장을 연상케 한다.

다행히도, 하나님은 "하나의 완벽한 퍼즐"[20]이나 시간표대로 인간의 역사를 주관하지 않으신다는 사실이다. 세대주의 종말론은 그리스도의 재림을 두 번에 걸쳐 이루어진다고 믿는데, 이들은 "하늘에 대한 약속"(휴거)을 "땅에 대한 약속"(영광의 출현)으로서,[21] "이것들은 조화할 수 없는 차이가 존재한다"고 주장한다고 한다. 이것은 마치 하나님이 우리들에게 퍼즐조각 맞추기를 원하시는 것처럼 보인다. 그러나 하나님의 약속들은 도표를 점검하거나 퍼즐조각을 맞출 수 있는 것이 아니다. 예수의 두 번에 걸친 재림, 즉 하나는 "휴거"이고 다른 하나인 "영광의 출현"은 성서적이 것이 아니므로 근거 없는 주장이다. 왜냐하면, 성서는 오직 단 한 번의 재림만을 이야기하기 때문이다.

묵시록의 휴거?

휴거론자 라헤와 린지는 요한묵시록 3장 10절에서 자신들의 주장을 정당하게 하는 구절을 가져온다: "온 세상에 닥쳐올 시험을 받을 때에,

나는 너를 건져주겠다." 대부분의 성서학자들은 "시험을 받을 때"가 의미하는 것은 요한묵시록이 기록되었을 당시의 정치적인 시험이나 혹은 기독교인들의 박해의 시간을 의미한다고 주장한다. 그러나 라헤는 헬라어의 전치사 "건져주다(out of)"의 의미를 잡아 낚아채는 의미로 해석한다.

게다가 린지와 라헤는 요한묵시록이 이 땅으로부터 탈출을 언급하고 있다고 주장한다. 즉 요한묵시록 4장 1절에서 저자는 "이리로 올라오너라!"라고 이야기한다는 것이다. 이 구절은 교회가 언급되는 마지막 부분이므로, 교회는 반드시 요한과 함께 휴거 된다고 그들은 주장한다.

이러한 시나리오는 하늘에서 하나님이 묵시록에서 말하는 봉인이나 나팔, 그리고 대접의 재앙을 7년간에 걸쳐 행하시는 진노를 믿는 신자들이 지켜보는 비전을 제공한다. 그런 일들이 있은 후 7년이 지난 뒤 믿는 신자들은 예수와 함께 아마겟돈의 전쟁을 위해서 이 땅에 내려온다는 그림을 그린다.

그러나 이런 현실도피자들의 그림은 성서의 메시지와는 거리가 멀다. 교회라는 단어는 요한묵시록 4장에서 언급되지도 않을뿐더러, 여기서 "성도"는 땅에 거주하는 사람을 가리킨다. 요한묵시록 18장 4절에서 교회는 직접적으로 "나의 백성"이라고 불린다. 세대주의 자들의 가장 심각한 문제점은 교회가 요한묵시록 18장에서는 존재하지 않는다고 믿는 것이다.

아니다. 요한묵시록의 메시지는 하나님이 교회의 울부짖음, "나의 백성"의 울부짖음을 들으셨고, 온 세상의 고통받는 사람의 소리에 귀를 기울이시는 분이라는 점이다. 하나님의 백성은 때때로 이 땅의 재앙을 겪으며 살아가는 사람들이다. 묵시록의 저자인 요한은 이러한 재앙으로부터의 도주를 이야기하지 않는다. 오히려 그는 교회들에게 이러한 재앙의 한 복판에서 고통당하는 사람들과 함께 있으라고 가르친다(요한묵시록 1:9). 재앙이라는 단어는 신약성서에서 매우 광범위한 의미를 가진다. 바울은 이 단어, "재앙"(tribulation, 헬라어로는 *thlipsis*)은 바울 자신이 인내해야 할 고통, 수감생활, 박해, 매 맞음, 그리고 그 자신의 육신의 고통을 묘사할 때 사용하였다. 아마도 바울이나 초대교회의 신자들이 오늘날 세대주의자들의 "재앙"이라는 단어에 대한 해석을 듣는다면, 아마도 그들은 기가 막혀 할 말을 잃을 것이다.

요한묵시록에 따르면, 재앙은 미래에 일어날 일이 아니다. 요한은 이 단어를 "안디파스"(Antipas, 페르가몬의 순교자)와 같은 사람과 나눈다. 안티파스라는 이름은 요한묵시록 2장 13절에 언급되는데, 그는 재난에도 불구하고 신실한 죽음을 당한 사람이었다. 요한은 수세기를 거쳐 재난으로 고통당하는 사람들과 미래에 대한 희망의 이야기를 하고 있는 것이다. 사람들이 고통으로 쓰러져 가는 남아프리카의 한 읍으로부터 엘살바도르의 마을에 이르기까지 요한묵시록의 메시지는 그들을 위로하고 해방하는 메시지다. 혹시 어떤 성도들이 재난이 오직 미래의 마지막 날들에 일어날 것이고 기독교인들은 휴거 될 것이라고 주장한다면, 우리는 과감히 그들을 비판할 것이다.

기독교인들은 세상의 재앙에서 제외되는 카드가 아니다. 현실도피주의는 세대주의 종말론 신학에서 말하는 가장 심각한 문제점을 받아들인다. 예수는 결코 하나님께 이 땅으로부터 "들어올려"(Beam me up)달라고 요청하지 않으셨다. 예수가 하신 것처럼 우리는 그들의 주장을 거절해야 한다. 재난은 지금 이 순간에도 일어나고 있는 현실의 문제이다. 하나님은 우리를 이 땅으로부터 잡아채어 올리는 방법으로 구원하지 않으신다. 그분은 직접 이 땅으로 내려 오셔서 우리를 구원하신다. 이것이야말로 신약성서의 성육신의 핵심적인 메시지이다. 이것은 또한 요한묵시록의 핵심적인 메시지인 21장과 22장의 내용이기도 하다. 하나님은 여전히 세상을 사랑하신다.

어떤 휴거예찬론자들은 7년간의 재난이 다 지난 후 또는 재난의 한 중간에 이르기까지 휴거가 연기됨으로서 성립되는 현실도피의 개념을 이야기한다. 소위 이들은 "전 천년 중간재난 휴거론자" 그리고 "전 천년 후기 재난 휴거론자"라고 불린다. 라헤는 린지처럼 그들의 주장을 조목조목 반박한다. 그러나 이들은 성서적인 근거가 부족한 이유로 자신들의 반박이 빈약하다는 것을 인정하게 된다: "문제의 진실은 전 재난주의자든, 중간 재난주의자든, 그리고 후 재난주의자든, 이들은 휴거가 언제 일어날지를 분명히 설명해 주지 못한다"라고 린지는 말한다.[22] 린지의 진술에 우리는 그저 "아멘"이라고 말 할 수 있을 뿐이다. 린지가 휴거를 뒷받침하는 성서 구절을 꼭 집어서 말하지 못하는 이유는 당연하다. 왜냐하면 휴거는 고안된 거짓이기 때문이다. 다비에 의해서 조작된 휴거는 그것이 전 재난이든 후 재난이든지 혹은 중간 재난이든 오직 170년 전 성서의 내용을 조작한 것 그 이상도 이하도 아니다.

7년 대 환난?

휴거 이후 벌어지는 7년 대 환난은 세대주의 종말론이 고안한 또 하나의 조작된 이야기이다. 이들의 역사관은 성서학자들뿐만 아니라 교회의 지도자들에 의해서 비판받는 것이다. 예를 들면, 일리노이주 로만 카톨릭 주교는 이렇게 말했다: "국제적으로 이미 널리 알려진 휴거 이후의 대 환난, 그리고 적 그리스도와 전투를 위해 남겨진 죄인들에 대한 개념은 상당히 성서적인 것처럼 꾸며 놓았다."[23]

제리 팔웰(Jerry Falwell), 펫 로버트슨(Pat Robertson), 잭 벤임페(Jack VanImpe), 그리고 많은 TV매체 설교자들은 휴거이후에 일어날 7년 대 환난을 지속적으로 설교하고 있고, 많은 미국인들은 이 대 환난을 성서에서 발견할 수 있다고 확신한다. 라헤(LaHaye)는 "성서의 7년 대 환난에 대한 기록은 그 어떤 역사적인 기록보다도 철저하다"고 말한다.[24] 그러나 그의 주장은 예수의 삶과 그의 메시지가 기록된 복음서의 권위를 실추시키는 깜짝 놀랄만한 언급이다.

그러나 요한묵시록은 세대주의 종말론이 주장하는 역사관이나 연대기와는 반대로 7년 대 환난에 대해서 전혀 언급하고 있지 않다. 요한묵시록은 종종 숫자 7을 사용하기도 하고 대 환난에 대하여 이야기하기도 한다. 그러나 여기서의 대 환난은 이 책을 기록한 당시 초대 기독교인들이 겪었던 환난이나 핍박을 의미하는 것이지 미래에 일어날 그 어떤 대 환난을 의미하지 않는다. 휴거와 마찬가지로 세대주의 종말론의 7년 대 환난은 19세기에 꾸며진 다비의 시스템처럼 근래에 발전된 이론이다. 위에서 언급된 한 로만 카톨릭 주교의 말처럼, 7년 대 환난이 성서에서 기초한 이론인 것처럼 보이지만 실상은 그렇지 않다.

7년 대 환난을 주장하는 신봉자들은 이 이론을 구약성서에서 찾을 수 있는데, 그것이 다니엘서 9장 27절이라고 한다: "침략하여 들어온 그 통치자는 뭇 백성과 더불어 한 이레 동안의 굳은 언약을 맺을 것이다. 그리고 한 이레 반이 지날 때에 그 통치자는 희생제사와 예물을 드리는 일을 금지할 것이다."[25] 그러나 다니엘서의 이 단어[히브리어, shyabua]는 한 주간을, 즉 7일을 의미하는 것이지 7년을 의미하지 않는다. 세대주의 종말론은 요한묵시록 6장에서 19장까지는 다니엘서의 7년 중 7번째 주간에 일어날 사건들을 기록하고 있다고 주장한다. 부과하여 라헤(LaHaye)와 그의 추종자들은 요한묵시록 11장 2절에서(그러나 그 성전의 바깥뜰은 측량하지 말고 내버려두어라. 그것은 이방사람들에게 내 주었기 때문이다. 그들이 그 거룩한 도시를 마흔 두 달 동안 짓밟을 것이다) 말하는 마흔 두 달을 그들이 주장하는 7년과 병합하고 11장 3절에서 언급한 1,260일을 또한 병합하여 총 합계로 7년이라는 숫자를 만들어 낸다.

그러나 만일 묵시록 11장이 7년 대 환난을 말하고 있다면, 왜 가장 중요한 세 단어가 11장에서 언급되지 않는가?: "일곱"(seven), "연수"(years), 그리고 "대 환난"(tribulation). 만일 다니엘서가 7년이라는 정확한 연대기를 서술했다면, 왜 요한묵시록은 분명한 어조로 7년 대 환난을 말하고 있지 않는가? 만일 요한묵시록의 중심된 역사관의 숫자가 7이라는 숫자라면 마치 일곱 봉인, 일곱 나팔, 그리고 일곱 대접처럼 요한묵시록은 아마도 7년이라는 숫자에 중점을 두었을 것이다. 그러나 오직 세대주의 종말론 자들만이 자신들의 목적을 위해서 7년 대 환난을 요한묵시록에서 찾고 있다.

7년 대 환난을 주장하는 세대주의 종말론이 성서적인 기반을 두지 않았음에도 불구하고 그들은 나름대로 이야기의 맥을 가지고 있다. 소설 『남겨진 자』(Left Behind)는 요한묵시록을 근거로 하여 휴거 이후에 일어날 7년 대 환난을 그리고 있다. 그들은 고도의 기술로 계발된 무기와 위성전화, 그리고 컴퓨터의 이미지를 사용하면서 7년 대 환난의 그림을 그린다. 이 소설은 심각한 신학적인 문제가 있는데, 이는 보수적인 복음주의 신학자들에게조차도 비판을 받고 있는 실정이다. 왜냐하면 휴거 되지 않고 남겨진 자들이 기독교로 개종할 기회가 7년 대 환난 중에 있다고 하는 주장 때문이다. 보수적인 신학자들은 그리스도의 재림이후 성서는 결코 두 번의 기회를 말하고 있지 않다는 주장을 하고 있다. 하지만 그리스도의 재림이후의 있을 마지막 기회는 소설 구성에 있어서 필수적인 것으로 영웅적인 주인공의 모험을 그리기에 필요한 것이다.

묵시록을 소설로 만들기

라헤(LaHaye)는 그가 비행기 안에 있을 때 경험한 내용을 소설로 구성한 것이라고 한다. 그는 비행기 안에서 조종사가 승객들과 함께 훨훨 날아다니는 것을 경험하였다고 한다. 그는 이렇게 말한다: "비행기 조종사는 결혼반지를 가지고 있었지만, 그의 약혼녀는 가지고 있지 않았다. 만약에 휴거가 지금 일어난다면, 저 조종사는 남겨질 것이고, 그의 약혼녀는 휴거 될 것이다 라고 생각했다. 이것이 바로 내가 휴거에 대한 아이디어를 얻게 된 첫 번째 씨앗이다."[26] 소설 『남겨진 자』의 웹 사이트[www.leftbehind.com]는 다음과 같이 이 책을 광고한다: 그 첫 번째 씨앗이 12권으로 된 소설로 성장하였고, 베스트셀러가 되는 큰 열매를 얻게 되었다. 레이포드 스틸레(Rayford Steele)는 승객들이 훨훨 날아가는 것을 경험한다. 그리고 어린이들을 포함한 수백 명의 승객들이 갑자기 실종되었고, 세상의 모든 사람이 갑자기 흔적도 없이 사라졌다. 운전사 없는 차들이 거리의 말뚝에 처박히는 사고가 잇달았다. 레이포드는 사고로 튀기는 파편을 가로질러 아내의 잠옷과 결혼반지를 가지러 집으로 달려갔다. 그는 휴거가 일어났고 자신만 홀로 남겨졌다는 것을 깨닫는다. 그와 함께 남겨진 사람들은 이제 대 재앙의 정예부대로서 그리스도를 위해서 싸울 준비를 위해 서로 단결해야하고, 7년 대 환난 동안 적 그리스도와 싸워야만 한다.

죽음이나 파괴와 같은 폭력적인 단어들은 이 소설을 관통하는 것으로서, 종종 3차 세계 대전이나 "양의 진노로 인한 지진," 그리고 마지막 아마겟돈 전쟁으로 묘사된다. 요한묵시록의 인(seal)이 하나씩 열려지고 나팔(trumpet)이 하나씩 불려질 때마다, 폭력은 점점 더 증감되고 대 재앙은 극에 달한다. 요한묵시록에서 말하는 것처럼 활과 화살에 의한 죽음이 아니라, 수백만의 사람들이 총과 미사일, 헬리콥터에서 내뿜는 화력에 의해 잔인하게 살해된다. 이러한 살인적인 무기는 린지와 라헤의 소설에서 묵시록의 이미지를 소설로 변형시킨 새로운 것들이다.

1970년대의 베스트셀러였던 『마지막 위대한 행성 지구』(The Late Great Planet Earth)에서 린지는 요한묵시록의 대 재앙을 20세기의 무지막지한 현대적인 무기로 "변형"하는 분야에서 개척자이다. 린지는 요한묵시록의 저자가 오늘날에 일어날 핵전쟁을 실제로 보았다고 주장한다. 린지는 이렇게 묘사한다: "'큰산이 화염에 휩싸이는 그 어떤 것'이 바다로 던져지는 요한묵시록의 묘사는(요한묵시록 8장 8-9절) 묵시록의 저자 요한이 1세기 전쟁의 개념을 원자 핵융합 반응으로 묘사한 것이다." 린지는 어떻게 요한이 미래의 시대에 일어날 핵전쟁에 대한 지식을 가지게 되었는지를 시간여행을 통해서 설명한다:

> 요한은 1900년 이후에 일어날 사건들을 보고 들었다. 어떻게 1세기의 사람이 20세기 후반에 일어날 놀라운 과학적인 진보로 전개될 전쟁을 알 수 있었을까? 요한은 하나님의 영에 의해 20세기의 끝으로 이끌려 왔고, 이 세상의 대 재앙을 직접 보고 체험하였다. 그리고 그는 다시 1세기로 돌아와 자신이 본 것을 기록한 것이다(린지, The Rapture: Truth or Consequences, 101-102).

지난 8-90년대 린지는 핵무기 이미지에 대한 요한의 비전을 여러 차

례 수정하여 발전 시켰다. 그는 묵시록의 예언들을 현재의 정치적인 상황에 비추어 계속적으로 업그레이드하기 위하여 고전분투하고 있다.

이렇게 21세기의 최첨단 무기의 개념으로 업데이트 된 린지와 라헤의 책은 현대를 살아가는 사람들에게 호소력을 가지게 되었다. 이러한 상황에 대하여 제나 레이스(Jana Reiss)는 *Publishers Weekly*에서, "저자들은 자신들의 책의 잔인성이나 그 잔인성을 뒷받침하는 신학 등의 요소는 고려하지 않고 책만 판다"라고 비판하였다. 그는 더 나아가서, "소설 『남겨진 자』(Left Behind)는 이전의 소설들과는 전혀 비교되지 못할 무죄한 양민을 살육하는 잔인함에 매우 구체적이다"라고 신랄한 비판의 목소리를 표명했다. 사실 『남겨진 자』가 2004년에 12권의 완성 시리즈를 출판하기 이전에, Tyndale Publishing House에서 미군이 중동에 배치되는 상황을 반복하는 것과 같은 부류의 새로운 군사작전의 연속 시리즈를 만드는데 착수하였다. 이는 『묵시록의 여명』(apocalypse dawn)이라는 제목으로 소설 『남겨진 자』가 인기 얻게 된 하나의 폭력물이다. 이 책은 폭력을 정당화한다 [즉 이 책에서 기독교인이라고 자청하는 사람이 폭력을 사용한다]. 사실 의로운 기독교인의 폭력의 정신은 모든 세대주의 종말론이 선호하는 말이다. 헤기의 최근 작품인 *Avenger of Blood*—라헤(LaHaye)의 최근 작품은 *Babylon Rising*—는 소설 『남겨진 자』(Left Behind)보다도 더 속도감 있는 스릴러의 폭력을 제공하고 있다.

세대주의 종말론에 의하면 이런 모든 폭력은 성서에 기록되어 있기 때문에 필요 불가결한 것이라고 주장한다. 휴거 되지 못하고 남겨진 한 목사는 차트를 펼치고서 성서에 기록된 미래에 벌어질 폭력과 재앙을 다음과 같이 설명한다. 다음은 소설 『남겨진 자』에서 레이포드의 이야기이다. "그는 공포에 질린 나머지 왜 그 자신이 휴거 되지 못한 것일까?"라고 이야기한다.[27] 물론 이에 대하여 우리의 대답은 다음과 같이 분명하다. 레이포드와 수백만의 사람이 휴거 되지 않은 것은 당연한 것이다. 성서에 휴거가 기록되어 있지 않았기 때문이다. 한 영국인 설교자는 다비를 성서이후의 역사를 왜곡하여 고안해 낸 사람이라고 정의한다. 그리고 소설 『남겨진 자』의 저자들과 세대주의 종말론은 자신들의 특별한 정치적, 사회적 도구로 그와 같은 이론을 이용한다고 말한다.

이제 이 시점에서 세대주의 종말론의 어떠한 주장들이 성서에서 찾아보기 힘든지 이야기 해 보자! 휴거의 추종자들이 어떠한 사건이 성서적이라고 주장할 때, 우리는 성서의 구체적인 어떤 부분, 어떤 구절, 그리고 어떤 상황에서 말하고 있는지에 대해 묻는 것은 당연한 이치다. 보수적 복음주의 비평가 게리 데마(Gary DeMar)는 종말론 소설류를 다음과 같이 분류하는데, 그는 특별히 중동지역을 고려해 볼 때, 많은 점에서 세대주의 종말론의 주장이 틀린 것임을 증명한다.

- 예루살렘 재건에 대한 언급은 신약성서 그 어느 곳—요한묵시록을 포함해서—에서도 찾을 수 없는 내용이다.

- 다니엘이나 요한묵시록은 적 그리스도라는 단어를 단 한 번도 사용하지 않는다.

- 적 그리스도가 이스라엘과 계약을 맺는다는 기록은 다니엘서도 요한묵시록도 언급하지 않는다.

- 적 그리스도와 맺은 계약을 파기한다는 내용도 전혀 언급되지 않는

다.[28]

• 예수가 예루살렘에 그의 왕권을 세운다는 기록은 언급되지 않는다.[29]

세대주의자들은 아마도 위에서 지적한 모든 것들을 성서적이라고 주장할 것이다. 그들의 주장은 수천 년의 "공백"이라는 불분명한 근거에 의존한 복잡하게 얽힌 주장이다. 그들의 역사 연대기가 맞게 갖추어지려면, 수세기에 걸쳐 기록된 성서의 한 조각 조각들을 끼워 맞추어야 들어맞는 억지가 된다. 예를 들면, 그들이 주장하는 예루살렘 성전의 재건축과 "적그리스도"는 신약성서 요한묵시록의 한 구절과 구약성서 다니엘의 한 구절, 그리고 요한 1서의 한 구절을 끼워 맞추어야만 딱 들어맞는 그야말로 엉터리 신학이다. 또한 7년 대 환난에 대한 주장은 요한묵시록에 언급된 "대 환난"에 관한 구절과 다니엘 9장의 "7번째 주"에 관한 구절, 그리고 마태복음서 24-25장의 예수의 말씀을 연결해야만 성립되는 꾸며낸 이야기이다 [마태복음 24-25장은 소위 마태복음서의 묵시록으로서, 성전파괴, 대 환난, 그리고 최후심판 등의 이야기를 다루고 있다].

그러나 이렇게 잘라내고 붙이는 식으로 성립된 종말에 대한 이야기는 요한묵시록을 기록한 저자도 마태복음서의 저자도, 그리고 성서를 기록한 그 어떤 저자도 말하지 않는다. 성서는 퍼즐을 맞추는 게임도 아니며, 그렇다면 무당들이 예언하는 식의 미래를 맞추는 어떤 코드도 아니다. 신약성서학자 크렉 힐(Craig Hill)은 휴거론을 다음과 같이 고발한다: "아이러니컬하게도, 휴거 주창자들은 성서를 문자적으로 해석함으로써 성서의 증언을 난도질한다. 하나님과 그리스도의 위대한 증언자로서 성서는 그 자체로 휴거 되지 않고 이 땅에 남겨졌다(Left Behind)."[30]

"제3차 세계 대전: 하나님의 사랑의 표징?" 휴거, 대 환난, 그리고 미국의 외교정책

앞에서 우리는 세대주의 종말론의 휴거이론은 성서를 왜곡한다는 것을 살펴보았다. 그러나 더욱 심각한 것은 미국인의 문화와 정치적 신념의 왜곡이라는 현실에 있다. 세대주의 종말론은 오늘날 이 지구의 심각한 정치적 사건들을 휴거 이후에 일어날 대 환난에 비교한다. 특별히 이스라엘과 중동 지역에 그 관심을 두고 있는데, 놀랍게도 이는 지금 많은 미국인들이 자신의 생애 기간에 재앙들이 발생하기를 기대하고 있다는 것이다.

그러한 미국인들은 니콜라스 카파티아(Nicholas Carpathia)가 소설 『남겨진 자』(Left Behind)에서 그려진 것과 대통령 마크 뷰리유(Mark Beaulieu) 또한 팻 로버트슨(Pat Robertson)의 소설 『세상의 종말』(The End of The Age)에서 묘사된 것처럼, 적 그리스도가 힘과 정치적 능력으로 유엔(United Nations)을 조정한다고 믿는다.[31] 라헤는 우파적 정치성향을 가진 사람들에게 다음과 같이 자랑스럽게 이야기한다: "나는 지난 50년 동안 유엔에 저항해 왔다."라헤(LaHaye)는 자신의 베스트셀러인 『남겨진 자』의 덕택으로 온갖 보수적인 정치이슈들을 아무런 거리낌없이 제기한다: 낙태반대, 동성애 반대, 환경반대론, 군국주의, 그리고 중동정책.

라헤의 책을 구입하고 그의 신학을 공부하는 기독교인들은 예언적인 카운트다운에서 현재 우리가 있는 곳은 어디이고, 오늘날의 지구에서 벌어지는 정치 사건들이 어떻게 하나님의 역사에 적용되는지 궁금해한다. 소설『남겨진 자』예언자들의 모임 웹 사이트에 들어가 보면, 그들은 종말의 역사와 현실 정치의 연결점들을 다음과 같이 이야기한다: "이라크 전쟁이 아마겟돈 전쟁의 시작을 알리는 것인가? 적 그리스도가 지금 살아 있는가? 유엔이 성서에서 말하는 단일 세계 정부를 암시하는가? 현금 인출기와 같은 은행체계의 변화가 짐승의 표적을 말하고 있는가? 싸스(SARS)가 예수가 말한 종말의 역병을 말하고 있는가?"

이러한 추론들은 신중한 정치적인 측면보다는 무당이 점보는 것과 같은 것처럼 보인다. 그러나 레이건(Reagan) 시절에 종말론이 외교 정치적인 도구로 사용되었던 것을 고려해야 한다. 미국의 이스라엘 공무위원회에 지대한 영향을 미친 레이건과 배후공작인 사이의 대화에서 레이건은 성서의 예언이 중동의 폭력적인 상황에서 성취되고 있는 것에 대하여 놀라움을 드러냈다: "나는 구약성서의 예언과 아마겟돈 전쟁의 예언으로 되돌아가는 내 자신을 보면서 놀라지 않을 수 없다. 만일 당신이 후에 그런 예언들을 감지할 것인지 알 수 없으나, 그들은 분명히 우리가 마지막의 일들을 겪을 것이라는 것을 묘사하고 있다."[32]

레이건의 이런 언급은 많은 정치인, 기독교인, 그리고 유대교 공동체들에 의해서 비판받았다. 전하는 말에 의하면, 낸시 레이건(Nacy Reagan)은 남편 레이건이 1984년 대통령 선거 유세 때 아마겟돈에 대한 질문을 받은 것에 대하여 유감으로 생각하였다고 한다.[33] 이스라엘계 유대인 학자인 예헤즈켈 랜다우(Yehezkel Landau)는 대통령의 폭력적 중동에 대한 언급은 거짓예언의 한 부류라고 강력히 비판한다. 그는 미국과 이스라엘의 대통령은 예언자의 정치세력에 대한 자기비판의 자세를 폭력을 정당화하는 것으로 오해하는 오류를 범해서는 안 된다고 비판한다:

> 오늘날 참된 예언적 정신은 불의를 고발하는 것이지, 동쪽 연합국가인 시리아, 이란을 아마겟돈 전쟁시 하나님의 진노로 멸망할 "어둠의 자식"이라고 주장하는 것이 아니다. (Yehezkel Landau, "The President and the Prophets," *The Jerusalem Post,* Nov. 1983, reprinted in *Christianity and Crisis* as "The President and the Bible," Dec. 12, 1983).

예언서에 대한 잘못된 이해들에 대하여 랜다우는 다음과 같이 애처로운 마음으로 결론을 짓는다: 요한복음 3장 16절은 그들의 잘못된 이해의 패러디를 요약하기를, 하나님이 세상을 이처럼 사랑하셔서 자신의 아들 예수가 아닌 제3차 세계 대전을 보내셨다.

외교정책에 있어서 아마겟돈과 대통령의 묵시에 대한 이해는 20년 뒤에도 여전히 논쟁의 여지가 있다. 즉 "테러와의 전쟁"이라는 이름 하에 여전히 논란의 대상이 되고 있는 것이다. 부시(Bush) 대통령은 "우리는 선과 악의 대결 한가운데 있다"라고 묵시록의 이분법적인 이미지를 2002년 워스트 포인트 졸업생들에게 말하였다.

2003년 이라크 전쟁이 한참 진행될 시점에 역사가 폴 보이어(Paul Boyer)는 "성서의 묵시가 애매하지만 분명한 맥락에서 미국의 외교정책을 돕고 있다"라고 목소리를 높였다. 보이어(Boyer)는 세대주의 종말론 학자이면서 동시에 그의 영향은 미국정치에 지대한 영향력을 미치는 사람이다. 그는 『종말의 시간이 닥쳤을 때: 미국 문화에 영향을 미친 예언서』*(When Time Shall Be No More: Prophecy Belief in Modern American Culture)*라는 책으로 유명한 사람으로서, 냉전시기에는 레이건(Reagan)의 백악관에서 성서 예언서의 미국정치에 대한 역할을 분석한 사람이다.

보이어의 2003년 논문, "고 학력의 연대기"*(The Chronicle of Higher*

Education)는 근래 미국 내에서 싹트고 있는 전-천년설을 지적하였는데, 미국인의 40%가 이미 이러한 믿음을 가지고 있다고 발표하였다. 보이어는 대중화된 기독교 소설 『남겨진 자』나 다른 많은 세대주의 종말론 소설들이 미국의 이라크 전쟁을 합리화시킨다고 설명한다:

> 다시 태어난 우리의 부시 대통령이 외교정책의 대상으로 다른 나라를 기술할 때, "악당들"이라는 말을 사용하는 것은 단순히 911 사건을 회상하는 것이 아니라, 동시에 그는 고대 묵시록의 단어를 회상하는 것이다. 이는 단순히 사담(Saddam) 한 사람을 가리키는 것이 아니다 (Boyer, "When U.S. Foreign Policy Meets Biblical Prophecy," *The Chronicle of Higher Education*, Feb. 14, 2003).

미국의 외교정책에 대한 보수적인 기독교 소설류, 이를 테면 『부시, 성서, 그리고 이라크』, 『보라, 휴거』, 『부시가 하나님을 자신의 입장에 서게 하였다』 이것은 세인의 관심을 끌었다. 방송인 밴 임페(Van Impe)는 한 방송에서 자신이 중동의 정책에 대한 성서적 관점을 제공하는 백악관의 정책 고문으로 선발되었다고 자랑하기도 하였다. 부시 대통령은 자신이 직접 세대주의 종말론을 강조하지는 않았다. 단지 그의 내각에서 일부의 사람이 이러한 의견을 주장한다. 그러나 전쟁이나 악이라는 수사들은 성서의 묵시록에서 빌려온 것이고 백악관의 외교정책에 중대한 영향력을 발휘하는 것만은 분명하다.

세대주의 종말론은 이스라엘과 팔레스타인 사이의 평화의 길을 내고자 하는 미국의 의지에 역행하는 것이다. "성서는 나의 지도다"라고 주장하는 로버트슨(Robetson), 펠웰(Falwell), 그리고 라헤(LaHaye)는 이스라엘-팔레스타인의 문제를 해결하는 것을 부정적으로 생각한다. 그들은 중동에 평화를 정착하는 것은 그리 좋지 않은 것이라고 생각한다. 왜냐하면 그 평화는 그리스도의 마지막을 향한 카운터 다운을 연기시키기 때문이라고 생각하기 때문이다. 이스라엘 정부는 결코 자신들이 점령한 팔레스타인의 땅을 타협으로 내어주지 않을 것이다. 새 이스라엘 건설과 새 성전의 건축은 어찌 되었든 간에 결과적으로 계속적인 폭력을 가져올 것이다.

세대주의 종말론은 중동 땅에 평화가 아닌 폭력을 가져오기를 기대한다. 이것은 그야말로 가장 끔찍하게 왜곡된 신학이다. 이러한 폭력적인 신학에 동의를 할 수 없는 이유는 바로 현실적으로 그 땅에 살아가는 사람들의 생명이 걸려 있기 때문이다.

3
중동의 관점에서 보는 휴거문서

> 소설 『남겨진 자』(Left Behind)와 중동의 현실 사이의 칸막이는 단지 종이 한 장 차이다.
> *남겨진 자 홈페이지(www.leftbehind.com)*

오늘날 요한묵시록을 올바르게 이해해야 하는 긴박한 장소가 있다면 그건 이스라엘과 팔레스타인의 땅이다. 현실적으로 중동 사람들은 미국 기독교인들에 대한 적대심을 가지고 있다. 왜냐하면 미국 기독교인들의 외교정책이 왜곡된 성서해석에 기반을 두고 있기 때문이다. 이들은 이스라엘의 팔레스타인에 대한 무력점령을 옹호하고, 더구나 이들은 중동에서의 전쟁도 찬성한다. 세대주의 종말론의 예루살렘의 미래에 대한 군사적이고 승리주의적인 관점은 사실은 정면으로 요한묵시록이 말하는 모든 사람을 위한 거룩한 도시, 생명의 나무에서 흘러나오는 생명수가 도시를 치유하는 비전과는 완전히 다르다.[1]

세대주의 종말론은 외국인 기독교인이나 그곳에 사는 중동사람에게도 널리 알려진 것이다. 요한묵시록이 그것의 기초로서 이들은 예수가 양의 모습처럼 비폭력으로 치유하는 모습이 아닌, 사자와 같은 이미지의 폭력으로 전쟁과 재앙을 가져온다고 믿는다. 이스라엘의 보수적 정당의 강령은 평화를 방해하는 공격적 태도의 정책에 의해 지지를 받으면서 이스라엘 영토의 확장을 계속 이어간다. 이것이 바로 "크리스찬 시오니즘(Christian Zionism)"이다.

이는 전통적인 시오니즘과는 다른 것으로 유대인들이 고국의 안전을 지지하는 운동이다. 루터란과 많은 미국의 교회들은 크리스찬 시오니즘이 아닌 전통적인 시오니즘을 지지한다. 크리스찬 시오니즘 운동은 전통적인 시오니즘과는 다른 방향인 군사적이며 파괴적인 운동으로서 기독교 종말론의 잘못된 이해에 그 기반을 두고 있다. 이 크리스찬 시오니즘은 린지(Lindsey), 라헤(LaHaye), 헤기(Hagee), 그리고 다른 세대주의 종말론의 소설이나 글에 의존하고 있다. 이는 루터란 팔레스타인 주교 무닙 요난(Munib Younan)이 언급한 것처럼 하나의 "이단운동"이라고 말 할 수 있다.

미국의 언론을 통하여 크리스찬 시오니즘은 확고한 신념으로 아마겟돈을 위성 TV나 인터넷 웹 사이트로 선전하고 있다. 이스라엘 정부를 지지하는 관점에서 그들은 자신들의 역할을 이스라엘을 위한 설교자로, 정치적인 해설가로, 정치조직가, 그리고 재정조달자로 자청한다. 그들은 치밀한 전략으로 정치적, 군사적으로 잘 조직된 단체이다. 이들은 또한 잭 밴 임페(Jack Van Impe), 베니 힌(Benny Hinn), 제리 펠웰(Jerry Falwell), 펫 로버트슨(Pat Robertson)과 같은 방송인이나 많은 기독교 라디오 방송인들의 지지를 받고 있다. 기독교 방송 연합이나 트리니티(Trinity) 기독교 연합방송은 정규적으로 크리스천 시오니즘을 선전하고 있다. 더 나아가서, 이러한 운동과 선전은 예루살렘에 있는 국제 기독교 사절단과 다른 여러 조직들에게 환영을 받고 있는 실정이다.

이와 같이 요한묵시록과 다니엘서에 대한 이러한 괴상망측한 해석운동은 점점 더 그 속도를 받으며 환영받고 있다. 오늘날 이 괴상한 운동, 즉 세상을 버리고 다른 세상으로 탈출한다는 신학은 여러 다양한 측면에서 환영을 받으며, 성서적인 신학인 이 땅에서의 "평화로운 하나님 나라"라는 것은 외면을 받고 있다. 아마겟돈 전쟁으로 끝을 맺는 이러한 신학과 운동은 평화를 위협하는 정말 위험한 것이 아닐 수 없다.

1948년 이스라엘 건국: 예언의 징조?

1830년대 다비(Darby)가 세대주의 종말론과 같은 소설을 쓴 이후, 곧바로 이러한 글들은 정치적인 이용도구로 사용되었다. 이 종말론은 19세기와 20세기 양 세기를 거쳐 일어났던 미국과 영국의 시온니즘(Zionism) 운동에 속력을 불어넣었다 [크리스찬 시온니즘이라는 용어의 기원은 20세기 중반으로 거슬러 올라간다. 1948년 이스라엘이 건국을 하고 수많은 유대인들이 세계 각 도처에서 이스라엘로 이주하여 들어갔다. 당시 이들 대부분은 보수적 복음주의자들이었고, 이스라엘 건국은 구약성서의 예언이 실현된 시점이라고 주장한다. 그리고 이스라엘 건국은 종말을 향한 하나님의 계획의 시작점이라고 주장한다. [*Challenges Christian Zionism Theology, Politics and the Israel-Palestine Conflict*, eds. Naim Ateek and Others (London: Melisende, 2005)].

이스라엘이 1948년에 나라를 건축할 무렵, 미국 근본주의자들은 성서의 예언이 역사의 현장에 실현되었다고 믿었다. 그들은 예수의 재림 이전에 이스라엘이 나라를 회복하는 사건이 먼저 일어난다고 믿었던 것이다. 미국의 근본주의적 설교자들이나 교회신자들은 당시 이 사건에 열광을 하였다.

린지, 라헤, 그리고 많은 근본주의자들은 이것이야말로 하나님의 종말의 초시계에서 가장 중요한 시작점임을 강조하였다. 언론인 제퍼레이 셀러(Jeffrey Sheller)는 "이 사건은 성서에서 명령된 첫 번째 사건으로서 예수의 재림에는 그 절정을 맞을 것이다"라고 말하기까지 하였다.

성서의 그 어디에서 이스라엘 재건에 대한 명령을 발견할 수 있는가? 1970년대의 베스트셀러였던 린지의 책 『마지막 위대한 행성 지구』(The Late Great Planet Earth)에서, 그는 마태복음 24장의 예수의 무화과나무 비유의 해석을 예수가 자신의 재림의 시기를 극단적으로 말한 것이라고 해석하였다. 다음은 마태복음 24장의 말씀이다:

> 무화과나무에서 비유를 배우라. 그 가지가 연해지고 잎이 돋으면, 너희는 여름이 가까운 줄 안다. 이와 같이 너희도 모든 일을 보거든, 인자가 문 앞에 가까이 온 줄로 알아라(마태복음 24:32-33).

하지만 예수는 결코 무화과를 이스라엘에 비유하지 않으셨다. 린지는 이스라엘을 무화과나무에 비유하고, "잎이 돋는 시기"를 이스라엘 건국에 비유하였다. 그리고 그는 이러한 예언적인 징조는 예수가 문 앞에 이미 와 계신다는, 즉 종말의 시간이 이제 시작되었다고 한다:

> "무화과 나무"라는 비유의 말은 이스라엘을 가리킨다. 2000년간의 포로생활이 끝나고 유대인이 나라를 이루는 때, 1948년 5월 14일은 그들의 잎이 돋는다는 것을 나타낸다(린지, 『마지막 위대한 행성 지구』, The Late Great Planet Earth, 55).

린지의 이러한 해석은 세대주의 종말론을 선호하는 모든 사람들이 공유하는 관점이다. 린지는 더 나아가서 "이 세대"라는 말은 이스라엘의 건국을 눈으로 직접 목격하는 세대를 가리킨다고 주장한다. 그는 1970년에 "1948년 이후 40년 안에 예수의 재림이 일어날 것이다"고 선언했지만,

1988년에 아무런 일도 일어나지 않았다. 그는 이후 그의 이론을 수정할 수밖에 없었다.

이스라엘의 건국이 예수의 재림과 무슨 관계가 있는가? 왜 세대주의 종말론은 이 연결점을 그토록 주장하는가? 만일 그 어떤 연결점이 있다면, 그럼 우리는 1948년 이전 세대의 기독교인들에게 이 질문들을 물어보아야 한다. 2000년의 시간동안 신실한 기독교인들은 이스라엘의 재건 여부에 관계없이 예수의 재림을 기다려 왔다.

이스라엘 재건과 예수 재림을 연결하는 세대주의 종말론 자들의 주장에 따르면, 신약성서에 등장하는 기독교인들은 모두가 예수의 재림에 대한 잘못된 신앙을 소유했던 사람들인가? 신약성서의 대부분은 로마에 의해 예루살렘이 파괴된 사건(주 후 70년) 이후 기록된 것들이다. 이 책들의 저자들은 분명히 유대인이 앞으로 결코 나라를 재건하기 어려울 것으로 본 사람들이었다. 로마가 이스라엘을 점령한 후 기록된 요한묵시록을 살펴보자. 요한묵시록은 예수의 재림이 언제 어느 시기에 일어날지 모를 초를 다투는 사건임을 이야기 하지만, 결코 이스라엘의 재건이 예수의 재림 전에 반드시 일어날 사건임을 말하지 않는다. 신약성서 어느 곳에서도 우리는 이와 같은 이론을 발견할 수 없다.

세대주의 종말론 신학에서 더욱 심각한 문제는 성지에서 함께 살아가고 있는 웨스트 뱅크(West Bank), 가자(Gaza), 그리고 동 예루살렘에 거주하는 팔레스타인 사람들의 신음하는 목소리를 외면하는데 있다. 1948년 이후 이들을 자신들의 땅과 집을 잃고 난민의 생활을 하고 있다. 이들은 자신들의 고향인 야파(Jaffa), 하이파(Haifa), 그리고 갈릴리 지역에서 무력에 의해서 쫓겨나 베들레헴 지역 등지에서 난민 처에서 생활하고 있다. 그곳에서 그들은 가난으로 웅크리고 있으며, 결코 성취될지 않을 문제 해결을 위한 국제적인 지원을 기다리고 있다. 실로 성서의 예언에서 천사가 불타는 검으로 팔레스타인들을 물리치고 이스라엘을 재건한다는 것을 발견할 수 있는가? 이러 파괴적이고 폭력적인 묵시문학은 순수한 기독교 신앙에 위배되는 것이다.

세대주의 종말론은 근래에 들어 예수의 재림에 있어서 이스라엘의 재건이 필수조건이라는 것이 충분하지 못한지 더욱 발전된 각본을 내세운다. 그들은 단순한 이스라엘 재건이라는 원래의 각본에서 이스라엘이 예전에 차지했다고 주장하는 국경선들을 모두 점령하는 시기가 예언이 성취되는 시기라고 주장한다. 여기서 그들이 주장하는 국경선들은 단순히 1967 이전의 한정된 영토를 의미하는 것이 아니라, 역사적 사실이 아닌 이념적 기록인 성서의 영토를 모두 차지하는 것을 의미한다.

오늘날 많은 세대주의 종말론의 관점에서 볼 때, 이스라엘은 반드시 팔레스타인의 영토인, 웨스트 뱅크(West Bank)를 점령해야만 한다고 주장한다. 더 나아가서 몇몇 사람들은 이스라엘이 팔레스타인을 넘어서서 요르단과 유프라테스 강 주변의 나라인 이라크의 땅까지 점령해야만 한다고 한다.

오클라호마(Oklahoma) 출신 상원의원인 제임스 인호페(James Inhofe)는 다니엘이나 요한묵시록이 아닌 창세기에 근거하여 이스라엘의 웨스트 뱅크(West Bank) 점령을 지지하면서 2002년 미 의회에서 이와 관련된 법을 만들기를 주장하였다:

> 나는 우리 미국이 이스라엘을 지지해야만 한다고 강력히 주장한다; 그것은 바로 그들이 그 땅의 주인이기 때문이다... 하나님께서 이미 이것을 말씀하셨다. 몇 분전에 내가 말한 대로, 창세기의 말씀을 주목해 보라. 그것이 정당하다는 것은 이미 기정사실이다. 창세기 13장 14-17절에서 이렇게 이야기한다: "주께서 아브람에게 이렇게 말씀하셨다, '너의 눈을

> 들어 너 있는 곳에서 동서남북을 바라보라. 네 눈앞에 보이는 이 모든 땅을, 내가 너와 네 자손에게 아주 주겠다.'"
>
> 이것은 하나님이 말씀하신 것이다.
>
> 성서는 아브람이 자신의 장막을 걷고 마므레 지역에 이주하였다고 기록한다. 이곳은 헤브론 지역인데, 그는 하나님 앞에서 그곳에 제단을 쌓았다. 헤브론은 웨스트 뱅크(West Bank)지역 중 하나이다. 이곳은 하나님이 아브람에게 나타나신 곳이다. 그리고 하나님은 그에게 "내가 이 지역을 너에게 주겠다"고 말씀하신 곳이다.
>
> 이것은 정치적인 전쟁이 아니다. 이것은 하나님의 말씀이 참인지 거짓인지 밝혀지는 것이다. (James Inhofe, "Seven Reasons Why Israel Is Entitled to the Land," http://cbn.org/cbnnews/news/020308c.html, accessed March 4, 2002)

상원의원 제임스 임호페(James Inhofe)가 말한 헤브론 지역은 성서의 기록을 어떻게 이해하고 해석해야 되는지에 대하여 그 논쟁의 여지를 두고 있는 지역이다. 이곳은 고대도시로서, 아브라함과 사라의 무덤이 있는 장소이고, 그리고 웨스트 뱅크(West Bank) 안에서 두 번째로 큰 팔레스타인 도시이다. 이곳은 또한 미국에서 이민해 온 가장 극단적인 이스라엘 사람들이 사는 곳이다. 이들은 이스라엘 사람들을 위해서 팔레스타인의 생존 터와 집들은 모두 제거되고 불도저로 싹 쓸어져 버려야 한다고 주장한다.

미국의 우파연합에 소속된 로베르타 콤스(Roberta Combs)는 2002년도에 헤브론을 방문하였다. 그녀는 열광적으로 이스라엘 이주자들을 껴안고, 이스라엘을 향한 하나님의 뜻이 그들을 통해서 이루어진다고 지지하였다.

그의 방문 2주 후, 나와 남편은 헤브론에서 활동하는 "기독교 평화운동 팀"(Christian Peacemaker Team)을 방문하였다. 이들은 1995년 이후 지금까지 헤브론 지역의 비폭력을 정착시키기 위해서 헌신한 메노나이트(Mennonite) 교단의 사람들이다. 이들은 이스라엘 이민자들과 십만 명 이상의 팔레스타인 거주자들 사이에서 화해를 중재하는 사람들이다. 또한 그들은 집을 잃은 수많은 팔레스타인 사람들을 돕고 있다. 2000명의 이스라엘 군인들은 헤브론에서 400명의 이스라엘 사람들을 보호하기 위해서 배치되어 있다. 이곳에는 종종 심각한 갈등이 벌어지는 곳이다. 기독교 평화 운동 팀은 1994년 유명한 미국인 이주자 바룩 골드스테인(Baruch Goldstein)의 팔레스타인 대학살 이후에 이곳 헤브론으로 초청된 사람들이다.

버스는 우리들을 고 헤브론의 중심지를 벗어난 후 내려 주었다. 우리들의 버스는 주로 이스라엘 사람들을 예루살렘에서 헤브론까지 이송할 때 사용되는 철로 보호된 것이었다. 대부분의 승객들은 헤브론 인근의 키르야트 아바(Kiryat Arba)에서 내렸고, 우리는 아브라함 모스코(Abraham Mosque) 또는 족장들의 무덤이라고 불리는 고대 도시에 내렸다. 거리는 산산하면서 전쟁터라는 느낌이 들 정도로 싸늘하였다. 거리의 사람이라곤 오직 군인들뿐이었다. 그들은 24시간 철통경계로 35,000명의 팔레스타인 거주자들을 감시하고 있다.

공교롭게도 내가 신약성서 학자인 관계로, 기독교 평화운동 팀들은 나에게 요한묵시록에 대하여 질문을 해 왔다. 이들의 교단인 메노나이트에서도 이미 근본주의 신학이 뿌리를 내렸던 것이다. 많은 자원봉사자들은 요한묵시록의 올바른 이해를 위해서 목말라 하였던 것이다. "성서는 정말 이스라엘이 이 땅을 지배할 것이라고 말하는가?" "그렇다면 과연 우리는 성서 어디에서 그 이야기를 발견할 수 있는가?"

나는 성서는 그것을 언급하지 않는다고 말하였다. 그러나 라헤와 미국 기독교 연합회는 다니엘서와 요한묵시록에 근거하여 그것을 요구한다.

중동은 그야말로 그들의 마지막에 대한 이론과 소설의 전초기지라는 것이다. 소설 『남겨진 자』(Left Behind)의 웹 사이트는 이렇게 말한다: "소설 『남겨진 자』와 오늘날 중동의 현실은 단지 종이 한 장 차이이다."

중동과 종말론 문서

세대주의 종말론은 성서는 이스라엘 재건을 예언할 뿐 아니라, 중동지역에서 벌어질 미래의 사건들 또한 언급한다고 주장한다. 예를 들면, 그들은 에스겔 38장의 예언을 러시아가 이스라엘을 침공할 것을 예언하고 있다는 식으로 해석하고 있다. 이러한 해석은 히브리어의 "로시"(rosh)를 러시아어로 이해한 결과이다. 그러나 성서학자들은 이런 식의 억지해석을 도저히 이해할 수 없다고 한다. 히브리어 "로시"는 "머리"라는 뜻이기 때문이다. "붉은 중국"이라는 개념은 1970년 린지의 초기의 것으로 요한묵시록 9장에 근거한 것이다. 그러나 그는 최근에 이 개념을 아랍침공에다가 초점을 맞추었다. 이렇게 되면, 그를 따르는 사람들은 결국 이런 황당무계한 시나리오를 따라잡기 위해서 최근 개정판을 구입해서 읽어야 할 것이다.

시대가 급속도로 변함에 따라 예언 열광주의자들은 그 변화를 따라잡기 위해 분주한 상황이다. 특별히, 종말론 문서는 "최근 징조들, 혹은 사건들"이 세상을 지배할 예수의 재림을 앞당기는 것들로 이해하고 있다:

- 이스라엘 재건
- 거듭난 기독인교들의 휴거
- 유럽에서의 적 그리스도의 출현

- 적 그리스도와 이스라엘과의 7년간의 계약, 7년간의 대 환난 준비. 그러나 적 그리스도는 이스라엘과의 계약을 3년 반 만에 파기
- 예루살렘 성전재건과 희생제사
- 남은 3년 반 동안 적 그리스도의 성전모독
- 예수의 "영광스러운 출현"으로서의 재림, 정확히 휴거사건 이후 7년이 지난 뒤 올리브 산으로 재림

그들의 문서에 의하면, 예수가 아마겟돈 전쟁에서 승리한 후, 예루살렘의 다윗 왕좌에서 천년왕국을 세울 것이라고 한다. 그리고 예수는 휴거 되지 못했거나 기독교로 개종한 유대인들을 다스린다고 한다. 마지막 심판 이후, 하나님의 새 예루살렘이 건설된다고 한다.

이런 식의 시간표[역사관]를 짜 맞추기 위해서 세대주의 종말론 자들 중에는 위에서 언급된 사건들 이외의 많은 사건들을 요한묵시록에 빗대어 자신들의 주장을 첨가해 나가고 있다. 그들은 요한 묵시록 6장부터 19장의 사건들을 폭력적이고, 피비린내나는 전쟁과 고통의 죽음들로 이해하고 있다.

적 그리스도와 성전재건

세대주의 종말론에 의하면, 이스라엘이 재건된 이후 휴거는 언제든지 일어날 수 있는 사건이다. 그러나 예루살렘 성전이 재건되기까지 그리스도는 재림하지 않는다는 것이 그들의 주장이다. 린지는 "이스라엘 역사에서 마지막 엄청난 사건이 아직 남아 있다"고 말한다. "이것은 바로 이전 성전 터에 새로운 성전이 건축되는 사건이다."[2] 다니엘서 9장 26-27절에

근거하여 세대주의 종말론 자들은 성전이 재건될 것이라고 말한다. 문제의 구절은 다음과 같다: "침략하여 들어온 그 통치자는 뭇 백성과 더불어 한 이레 동안의 굳은 언약을 맺을 것이다. 그리고 한 이레 반이 지날 때에 그 통치자는 희생제사와 예물을 드리는 일을 금지할 것이다."

"성전"은 히브리어 다니엘서에서는 언급되지 않고, 다만 "희생제사(다니엘 8:11, 12, 13, 11:31; 12:11)"만 언급되고 있다 [표준 새 번역은 여기서 "성전"이라는 단어를 사용하고 있지만, 히브리어 원문에는 발견할 수 없다]. 유대인들에게 있어서 희생 제사를 드리는 장소는 오직 예루살렘뿐이다. 그러나 주 후 70년 로마제국이 예루살렘 성전을 파괴한 이후 더 이상 희생제사는 행해지지 않는다. 이런 식의 다니엘서로부터 가져온 불분명한 해석들을 세대주의 종말론은 주장하는데, 예루살렘 성전이 재건되고 적 그리스도가 7년 대 환난 중간쯤에 성전을 모독하는 사건이 벌어져야만 한다고 믿는다.

대부분의 학자들은 다니엘서가 원래는 주전 168년에 폭군 안티오쿠스 에피파네스(Antiochus Epiphanes)에 행해졌던 성전 모독을 지칭한다고 한다. 신약성서의 복음서 저자들은 주 후 69-70년경 로마의 성전모독이 다니엘서의 말씀이 성취된 것으로 이해하였다.

그러나 세대주의 종말론 기독교인들은 이 다니엘서의 말씀이 미래에 성취될 사건이라고 주장한다. 유대인의 성전이 이미 두 번이나 모독되었음에도 불구하고, 그들은 또 미래에 유대인의 성전이 모독될 것으로 믿는다. 로마에 의해서 성전이 이미 모독되고 파괴된 이후에 성전이 재건되어 적 그리스도에 의해 다시 성전이 모독되는 사건은 그들에게 반드시 있어야 할 사건인 것이다.

소설 『남겨진 자』의 웹 사이트에 게재된 한 글은 이러한 기괴한 사건

을 다음과 같이 말하고 있다:

> 세상 종말에 대한 자세한 묘사는 소설 『남겨진 자』에서 발견할 수 있다(그리고 또 다른 하나의 소설 『우리는 지금 마지막을 살아가고 있는가?』에서도 역시 발견할 수 있다). 이 소설들은 예수의 재림 전에 이스라엘이 반드시 예전의 땅을 회복하고 성전을 다시 건축하는 사건이 생길 것이다.[3]

그러나 세대주의 종말론의 성전재건 주장은 신약성서에서 말하는 예수의 말에 정면으로 대치되는 것이다. 요한복음서에서 예수는 성전재건도 이스라엘 나라의 회복도 이야기하지 않는다. 가장 분명한 증거로서 요한복음 2장에서 예수는 유대인의 성전 재건이 아니라, 자신의 부활한 몸에 성전을 지을 것이라고 하고 있기 때문이다: 예수는 "이 성전을 파괴하라! 그러면 내가 사흘 만에 다시 지을 것이다"라고 말씀하셨다. 그러자 유대사람이 말하였다. "이 성전을 짓는데 마흔 여섯 해나 걸렸는데, 이것을 사흘 만에 세우겠습니까?" 그러나 예수께서 성전이라고 하신 것은 자기 몸을 두고 하신 말씀이었다(요한복음 2:20-21).

라헤와 린지는 사실 이러한 요한복음 2장의 말씀을 완전히 무시한 셈이 된 것이다. 랜델 프라이스(Randal Price)와 같은 사람은 다른 복음서를 보면 예수께서 자신의 재림의 모습이 어떠하다는 것을 말 할 수 없었다고 한다.[4] 세대주의 종말론은 성전이 "하늘"에 있다는 것을 완전히 무시한다.[5] 요한묵시록은 이 땅의 그 어느 곳에서도 성전이 재건된다고 말하지 않는다.

예루살렘의 성전 재건축이라는 주장은 오늘날 중동정책에 있어서 극단적인 폭력성을 가져온다. 린지와 세대주의 종말론 자들의 주장처럼, "바위 위의 돔"(Dome of rock), 즉 제3의 유대인 성전 재건은 "심각한 문제"를 배출한다. 이 "바위 위의 돔"은 회교도 교인들에게 주 후 691년 이후 가장 거룩한 장소였다. 근래에는 알 아크사 회교도 사원(Al Aqsa Mosque)과 함께 "바위 위의 돔"은 회교도들에게 헤람 알 샤리프(Haram Al Sharif) 또는 숭고한 사원(Noble Sanctuary)으로 불려지는 장소다.

바위 위의 돔은 팔각형의 잘 균형 잡힌 건물로서 청록색으로 뒤덮인 우아한 아치형의 기둥과 청록색의 타일, 그리고 금으로 뒤덮인 돔으로 씌워진 그야말로 환상적인 건축물이다. 신발을 벗고 그곳으로 들어가면 고요와 평안함이 온몸을 휩싼다. 내부의 벽과 기둥들 역시 청록색으로 뒤덮여 있다. 전체 팔각형의 건축물은 신전의 중심부로 돌출 된 거대한 바위 위에 지어졌다. 이 사랑스런 바위는 예언자 무하메드(Muhammed)가 하늘로 승천한 장소로 불려져 왔다. 이 바위는 또한 유대인들에게는 아브라함(Abraham)이 자기의 아들을 희생 제물로 바치려고 했던 장소로도 여겨지는 곳이다.

그러나 기독교 세대주의 종말론의 관점에서 볼 때, 이 고대 팔각형의 아치형 건물은 반드시 파괴되어야 한다고 한다. 왜냐하면 이 장소는 바로 새로운 성전이 건축되는 곳이기 때문이다. 린지는 비록 근래에 와서는, "거룩한 신전 혹은 지성소"(Holy of Holies)는 회교도 신전 밑 부분이 아니라 바로 그 옆자리라고 주장하지만, 예전에 그는 "팔각형이든 아니든 성전은 이곳에 재건되어야 한다고 주장하였다.6

안타까운 일은 이렇게 아름다운 팔각형 아치 건물 외벽에 총탄자국이 있는데, 이것은 1982년 극단적인 미국유대인이 M-16총으로 공격을 한 증거다. 그들은 하나님의 예언은 이 바위 위의 돔이 파괴되어야만 한다고 믿었다. 더 나아가서 이 사건 몇 년 전에는 호주 기독교 시온주의 자들이 회교도의 성전에 새로운 성전을 건축해야 한다는 신념으로 방화를 한 사건이 있기도 하였다. 그레이스 헬셀(Grace Halsell)이 주장하는 것처럼, 극단적인 종말론은 하나님의 계획을 앞당기기 위해서 폭력을 정당화하는 극히 위험한 사람들이다.[7]

"예언"을 취급할 때 언제나 위험이 따르게 마련이다. 세대주의 종말론자들은 예수의 재림 이전에 벌어질 성전의 재건축에 상당한 비중을 두고 있다. 한편, 예루살렘과 전 세계의 회교도들은 자신들의 성전에 정치적인 전술과 폭력의 위험 속에 있다는 것을 너무도 잘 알고 있다. 두 번째 팔레스타인 인티파다(Intifada, [1987년 야신에 의해 세워진 팔레스타인 무력독립운동 단체를 말한다]) 반란을 "알 아카사 인티파다"(Al Aqsa Intifada)라고 부르는 것은 결코 우연의 일이 아니다. 이스라엘 수상 아리엘 샤론(Ariel Sharon)이 수천 명의 이스라엘 군인을 수반하여 2000년 9월 회교도 성전을 방문한 사건은 회교도들에게 환영을 받지 못하는 것을 훨씬 더 나아가서 그들의 독립운동에 불을 지피는 결과가 되었다.

소설 『남겨진 자』는 회교도들이 적 그리스도와 손을 잡고 바위 위의 돔을 이라크의 수도인 "신 바벨론"에 옮겨 건축한다고 말한다. 그러나 이러한 시나리오는 전적으로 세대주의 종말론의 환상에 불과한 것이다. 회교도의 신전은 예루살렘을 대표할만한 하나의 상징이다: 금으로 둘러싸인 돔은 모든 아랍 식당과 온 세계의 회교도들의 집을 비추고 있는 것이다.

이스라엘을 위한 성전 재건축 시나리오는 오직 아주 작은 소수의 메시아 대망의 유대교들만이 주장한다. 그들은 비주류 집단으로서 새 성전이 건축되는 날을 위하여 성전의 성기들과 성의들을 준비해 둔 사람들이다. 이들은 세대주의 종말론에 기초한 미국의 중동정책과 손을 잡고 바위 위의 돔을 파괴하고 새로운 성전을 재건해야 한다고 주장한다.

겔솜 고렌벅(Gershom Gorenberg)이 지적한 것처럼, 『마지막 날: 근본주의와 성전을 위한 분쟁』(The End of Days: Fundamentalism and the Struggle for the Temple Mount), 이들은 중동의 평화를 위협하는 위험한 존재들이다.[8] 회교도들의 돔을 파괴하고 그곳에 이스라엘을 위한 새로운 성전을 건축한다면, 그것은 분명 회교도 인들에게 심각한 대 격동을 의미한다. 세대주의 종말론은 중동평화에 대한 문제는 전혀 신경 쓰지 않는다. 그들은 이러한 사건들이 발생함으로써 예수의 재림이 가까워진다는 생각으로만 꽉 차 있다. 새 성전이 건축되고 적 그리스도가 그 성전을 모독하는 것이 그들이 말하는 예언적인 카운터 다운의 시작이기 때문이다.

다행히도, 고렌벅이 주장하듯이, 제3의 성전이 재건되더라도 동물제사와 같은 것은 일어나지 않을 것이다. 민수기 19장에 의하면, 오직 붉고 순결한 암소만이 인간의 죽음을 대신하여 희생제물이 될 수 있다. 어느 누구도 이 붉은 암소의 희생 없이 청결하게 될 수도 없고 성전으로 들어갈 수 없다. 문제는 여기에 있다. 오늘날 그 어떤 곳에서도 이 붉은 암소를 발견할 수 없다는데 있다. 그런데 정말 우스꽝스러운 일은 미국 복음주의 인간들은 이 붉은 암소를 배양시키기 위해서 안간힘을 쓰고 있다는 것이다. 이러한 측면에서 고려해 볼 때, 성전 희생제사는 결코 성립되지 않는다. 고렌벅은 이렇게 주장한다: "붉은 암소의 부재는 새로운 기능을 하는데, 이는 중동의 정치적 전략적 균형을 맞추는 결정적인 요인이 될 수 있다."[9]

유대인에 대한 거짓된 사랑

이스라엘 유대인 고렌벅은 소설 『남겨진 자』와 세대주의 종말론을 강력히 비판한다. 그는 기독교, 유대교, 그리고 이슬람교 모두가 극단적인 근본주의적 성향을 가지고 있고, 그러한 근본주의의 정당성은 의심받아야 한다고 비판한다. 그리고 그는 이러한 근본주의 성향 중 소설 『남겨진 자』와 같은 기독교의 세대주의 종말론이 가장 위험한 것이라고 주장한다. 그는 더 나아가서 세대주의 종말론의 반-유대인주의를 비판한다. CBS 뉴스의 60분(Sixty Minutes)토론이라는 프로그램에서, 그는 다음과 같은 말을 한다: "그들은 진실한 유대인을 사랑하지 않는다. 그들은 단지 그들의 소설에서 등장인물로서 우리를 사랑할 뿐, 우리 자체를 사랑하지는 않는다. 만일 당신이 세대주의 종말론이 꾸며내는 드라마에 귀를 기울인다면, 그것은 본질적으로 이미 제4막에서 유대인이 사라진 이후 유대인이 없는 제5막에서 유대인을 이야기하고 있다는 것을 알게 된다."10

고렌벅이 말하는 제5막에서 등장하는 유대인은 세대주의 종말론의 주장처럼, 아마도 대 환난이후 기독교로 개종한 사람들을 가리키는 것으로 보인다. 이스라엘의 많은 정치지도자들은 기독교 시온주의자(Christian Zionists)들의 경제적이고 정치적인 지원을 받아들인다. 그러나 고렌벅은 자신의 동료들에게 다음과 같이 주의를 준다: "종말론적 시각으로 이스라엘을 보는 사람들은 문제 있는 동맹자들이다. 그들은 유대인이 자신들의 신앙과 예언프로그램에 잘 들어맞지 않는다고 판단되면 우리를 향해 총을 겨냥할 것이다."11

팔레스타인에 대한 거짓된 사랑

만일 세대주의 종말론의 관점에서 유대인이 제5막에서 사라지는 역할이라면 팔레스타인과 팔레스타인 기독교인의 운명은 그보다 더욱 나쁘다. 세대주의 종말론의 관점에서 팔레스타인 기독교인들은 존재하지도 않는다. 팔레스타인 해방신학을 기초한 팔레스타인 성공회 신부인 나임 아틱(Naim Ateek)의 말에 의하면, "그들은 우리가 기독교인이라는 것조차 믿지 않는다. 그들은 우리를 오직 인공적인 기독교인으로 이해한다."

1948년 아틱은 베산(Beisan, 지금은 Beth Shean)이라는 지역에서 자라났다. 그는 당시 이스라엘 군인들이 자신의 마을로 들어와서 팔레스타인의 집을 제거하는 모습을 다음과 같이 그리고 있다: "군인들은 두 그룹으로 우리를 분류하였는데, 하나는 회교도 그리고 다른 하나는 기독교인이다. 회교도들은 지금의 요르단 지역으로 추방당했고, 기독교인들은 버스에 태워져 나사렛 변두리에 버려졌다... 단 몇 시간 만에, 우리 가족은 피난민이 되어 버린 것이다. 많은 팔레스타인은 여전히 이 사건을 종종 떠올린다."

오늘날 아틱과 같은 이스라엘 시민권을 가진 예루살렘의 팔레스타인 기독교인들과 이스라엘 시민권이 없는 많은 기독교인들이 웨스트 뱅크 가자(Gaza)지역에 살고 있다. 이들은 오랜 전통과 역사를 가진 기독교인으로서 헬라정통(Greek Orthodox), 아르메니안 정통주의(Armenian Orthodox), 콥틱 정통주의(Coptic Orthodox), 이디오피안 정통주의(Ethiopian Orthodox), 그리고 로마 카톨릭(Roman Catholic)의 후손들이다. 이러한 교회들은 자신들의 뿌리를 오순절 예루살렘의 성령강림에 두고 있다. 근래에는 19세기와 20세기에 팔레스타인으로 유입된 루터란, 성공회, 침례교, 그리고 복음주의 교단을 배경으로 한 팔레스타인 기독교인들도 많은 게 현실이다. 팔레스타인 기독교인의 인구는 약 2%정도 된다 [대부분의 팔레스타인은 회교도들이다]. 그러나 이 작은 인구의 팔레스타인 기독교인들의 영향력은 전체 팔레스타인 인구보다 더 큰 비중을 차지한다. 병원과 학교 등지에서 헌신하는 팔레스타인 기독교인에게 감사할 따름이다. 보스톤 글로브(Bsonton Glove)의 통신기자인 찰스 세노트(Charles Sennott)는 이렇게 기록하고 있다: "역사적으로 볼 때 기독교는 중동에서 효모와 같은 역할을 하였다. 작지만 정말 필요한 회교도와 이스라엘 근본주의 사이의 긴장을 완화하는 완충재의 역할을 감당하였다."12 그러나 오늘날 기독교 인구는 점점 줄어들고 있는 추세다. 왜냐하면 기독교인들은 많은 다양한 측면에서 압박을 받고 있기 때문이다. 그들은 성공회, 루터란, 로만 카톨릭, 그리고 다른 다양한 교단들 즉, 국제적인 기독교 연대를 갈망하고 있다.

그러나 그들은 기독교 시오니즘과는 연대를 전혀 생각하지 않는다. 세대주의 종말론 자들은 성지에다가 활주로를 깔기 위해 팔레스타인을 여행한다. 그러나 그들은 결코 성공회 신부 아틱이나 다른 팔레스타인 원주민 기독교인들과는 상면하지 않는다. 헬셀(Halsell)은 제리 펠웰(Jerry Falwell)이 주도한 두 번의 여행을 다음과 같이 설명한다: "이 땅 팔레스타인에서 기독교인들은 우리가 가는 어디서든 발견할 수 있다. 수 만 명의 기독교인들이 이 땅에 살고 있다. 그러나 펠웰은 그러한 기독교인들을 만날 수 있도록 허용하지 않았다."13 세대주의 종말론 자들은 성서적인 성지나 고고학적 유물에 관심을 둘 뿐이지 그곳에서 수천 년을 살아온 기독교인들은 전혀 관심이 없다.

세대주의 종말론의 관점에서 하나님의 약속은 지금 현재 성지에서 살아가는 사람들에게는 적용되지 않는 계획이다. 복음주의 성서학 교수인 티모디 웨버(Timothy Weber)는 이러한 상황을 "반어적"(Ironic)이라고 정의하는데, 이는 1948년 이스라엘 정부의 탄생은 대부분의 복음주의자들로 하여금 팔레스타인 기독교인에 대한 무관심과 아랍세계의 기독교인들에게도 등을 돌리게 하였다고 한다.[14] 사실 중동의 기독교는 아랍 세계권 안에 존재한다. 이러한 기독교인들은 다비와 같은 세대주의 종말론자들에게서 철저히 무시된다. 웨버의 역사적 관점은 "어떻게 복음주의자들이 이스라엘과 최고의 절친한 친구가 될 수 있는가?"라는 것이다. 또는 "어떻게 세대주의 종말론의 역사적 그림이 이스라엘 정부의 수립과 딱 맞아떨어지는가?"라는 것들을 연구하는 것이었다.

복음주의의 팔레스타인 기독교인에 대한 열악한 지원을 비난하는 또 다른 복음주의 지도자 리차드 모우(Richard Mouw)는 캘리포니아 풀러 신학교의 총장이다. 그는 이스라엘과 그 땅에 성서적인 예언의 역사를 지지하는 반면 다음과 같이 말하기도 한다: "불행한 일은 복음주의 자들에 의해서 주어진 갈등은 다름이 아닌 유대인과 회교도들 사이의 분쟁이라는 것이다. 이는 그 땅에 살고 있는 수천의 기독교인들을 무시하는 행위이다."[15]

모우나 필립 엔세이(Philip Yancey), 그리고 『크리스찬 투데이』(Christian Today)의 편집자인 데이빗 넵(David Neff)은 2002년 7월에 조지 부시(Bush) 미국 대통령에게 중동정책에 있어서 공정한 태도를 취해 달라는 편지는 보냈다. 그들과 다른 많은 미국 복음주의 기독교인들은 미국이 이스라엘 정부에 대한 맹목적인 찬성을 보내면서 성서를 왜곡하는 행위를 하여서는 안 된다고 주장한다. 다시 말하면, 이 편지의 목적은 부시 대통령에게 성서에 기초하여서 이스라엘과 팔레스타인 모두에게 공정한 태도를 취해 달라는 것이다. 더불어서, 이 편지는 1967년 팔레스타인의 국경에 대한 미국의 인정을 지지하는 것이기도 하였다.

오늘날 미국에서는 단지 극단적 보수주의 기독교인들만이 팔레스타인 기독교인들이 존재한다는 것을 무시하고 있을 뿐이다. 그들은 팔레스타인 기독교들은 요르단(Jordan)으로 추방되어야 한다고 믿는다. 왜냐하면 그들에 의하면 성서가 이스라엘이 웨스트 뱅크(West Bank)를 점령할 것이라고 증언하고 있다고 믿기 때문이다.

『이스라엘의 위기: 무엇이 미래에 일어날 것인가?』(Israel in Crisis: What Lies Ahead)의 저자 데이빗 돌란(David Dolan)은 이스라엘의 관점에서 한 극단적인 관점을 소개한다. 하나님은 이스라엘에게 전 "동산"을 주기로 약속했고 이는 예언서 예레미야서에 잘 나와 있는 사실이다. 이 "동산"은 웨스트 뱅크(West Bank)로서 미국이나 UN에 의해서 팔레스타인의 땅으로 지정된 곳이다. 그러나 그는 UN에서 지정한 영역은 성서적이지 않다고 주장한다. 돌란의 관점은 하나님이 예레미야 31장의 말씀을 오늘날 웨스트 뱅크를 이스라엘에게 양도함으로서 성취된다고 역설한다. 그는 "팔레스타인은 이스라엘의 지배 아래서 살아야 하는 나그네며 이방인"이라고까지 말하고 있다. 따라서 이스라엘의 지배를 받기 원하지 않는 팔레스타인은 "이주"해야 할 것이라고 주장한다.[16]

1967년 이후 미국 기독교인들의 강력한 지원 아래서 행해진 이스라엘의 지배와 정착

미국 기독교인들 중 열광적으로 이스라엘의 재건을 지지하는 사람들은 1967년 전쟁 이후에 비약적으로 증가하였다. 당시 이스라엘은 구 예루살렘 지역을 점령하였고, 웨스트 뱅크의 가지지구(Gaza Strip)와 요르단 강을 따라 길게 널어진 웨스트 뱅크 지역까지도 점령하게 되었다. 세대주의 종말론은 이스라엘의 기회주의자와 손을 잡고 이스라엘에 거주하는 중생된 기독교인들을 위한 잔치를 베풀고 수많은 돈을 기부한다. 그리고 미국의 중동정책에 대한 자신들의 의견을 필설하기에 이른다. 결국 미국 기독교인들은 이스라엘에 거주하는 미국인 유대인들을 위하여 엄청난 돈을 기부한 것이다.17

성서 예언에 대한 잘못된 캠페인은 여기에 그치지 않았다. 예언사업은 여러 가지 많은 비공식적인 특권들을 누리고 있다. 그들의 지도자들은 정치적, 상업적, 경제적, 그리고 군사적인 면에 관심을 두고 있는데, 그들은 이스라엘 정부와 긴밀한 협조관계에 있고, 기독교 시오니즘 그룹들은 더욱 밀접하게 이스라엘 정치에 관련하고 있는 것이 실정이다. 더 나아가서 그들은 이스라엘이 중동지역에서 주도권을 잡는 부분에 있어서 긴밀히 협조하고 있다.

이러한 관계는 이스라엘 정부로 하여금 더욱 당차게 웨스트 뱅크(West Bank)지역의 점령을 허용하게 하고 있으며, 결국 이스라엘인의 정착과 동시에 팔레스타인의 억압을 합리화시키는데 이용되고 있다. 미국 기독교인들의 이러한 "예언 프로그램"이 얼마나 잘못된 길로 가고 있는지 인식하는 것은 참으로 중요한 일이라고 생각한다. 지금 이스라엘 정부에 의해서 점령당한 팔레스타인의 삶을 보라! 이스라엘 군인들과 시민들은 이러한 행위를 정당화하고 있는데 과연 이것이 옳은 일인가!

이스라엘 점령지 내에서 거주하는 팔레스타인은 거의 감옥생활과 같은 생활을 하고 있다. 이스라엘은 점점 이스라엘 사람들이 살 정착지를 개척하고 있고 팔레스타인을 그 땅에 쫓아내고 있다. 웨스트 뱅크나 가자(Gaza)지역의 팔레스타인들은 자유롭게 움직일 수 없다. 왜냐하면 그들에게는 자신들이 직접 자동차를 운전하여 자유롭게 이스라엘 주민이 사는 지역으로 들어갈 수 있는 자유가 없기 때문이다. 소위 "분할 벽"(Separation Wall)은 최근에 세워진 끔찍한 장벽이다. 웨스트 뱅크는 지금 스위스 치즈와 같은 모양인데 팔레스타인은 오직 그 치즈의 구멍에만 살고 있는 실정이다.

이스라엘 검문소는 팔레스타인 사람들의 움직임을 관찰 조절하고 있는 곳으로서, 이스라엘 군인들은 팔레스타인의 여행과 교통을 억제하는 결정권이 있다. 팔레스타인의 자유로운 여행을 위해서 적절한 해결책이 나와야 하는 실정이다 [소위 이스라엘 정부가 교부하는 출입허가서는 무용지물이다].

한 팔레스타인 기독교 목사는 베잇 사올(Beit Sahour)에서 왔는데, 이곳은 누가복음의 이야기에서 "목자의 들판"으로 알려진 곳이다. 그는 자신의 큰아들이 고등학교를 졸업할 시기에 일어난 이야기를 들려주었다. 졸업식 장소는 예루살렘이었다. 그래서 그는 적절한 날짜를 봐서 출입허가증을 얻었다고 한다. 온 가족은 예루살렘으로 향했다. 그러나 이스라엘 군인들이 그의 차를 베들레헴에서 세웠고, 그의 가족이 예루살렘으로 들어가는 것을 허용하지 않았다고 한다. 그 목사는 출입허가증을 보여주었고, 또한 목사증명서를 보여주었지만 모두가 헛수고였다. 그 목사는 군인에게 자신의 허가증을 여러 번 보여주면서 들여보내 달라고 애원하였지만 군인은 묵묵부답이었다.

결국 그 목사는 아들의 졸업식 참석을 포기하고 차의 머리를 집으로 돌릴 수밖에 없었다고 한다. 그의 아내는 큰아들의 졸업식을 축하하기 위해서 이웃과 친척들을 초청하여 잔치를 할 준비를 하였었는데 모든 것이 허사로 돌아가 버렸다고 한다. 이 젊은 친구는 자신의 졸업식을 어떻게 기억할까? 아버지가 군인들에게 모욕을 당한 날! 혹은 그의 여동생이 두려움으로 덜덜 떨던 날!

아마도 대부분의 팔레스타인들은 검문소에서 이와 같은 치욕적인 경험을 한번쯤은 하였을 것이다. 이러한 치욕과 고통은 사실 점령을 당한 지역에서 날마다 벌어지는 아주 상습적인 불의다. 해산을 코앞에 둔 산모도 검문소를 통과해야 한다. 그러나 불행히도 그들은 지금 막 태어난 갓난아기의 죽음을 보아야 한다. 왜냐하면 이스라엘 군인들이 병원으로 가는 길을 막고 있기 때문이다. 점령이라는 현실은 이런 것보다 더욱 심각한 사회적 문제를 가지고 오는데, 수많은 팔레스타인은 자신들의 직업을 잃고 학교도 다니지 못하는 안타까운 상황을 만들고 있다는 것이다.

"정착" 과 성서적 예언

현재 가자(Gaza), 웨스트 뱅크, 그리고 동 예루살렘 지역을 점령한 이스라엘의 점령의 정당성에 대하여 그 어떤 합일점도 이루지 못하고 있는 것이 현실이다. 이스라엘인에게서 "정착"(Settlements)이라는 용어는 1967년 전쟁이후 이스라엘에 의해서 점령된 지역에 이스라엘 사람들의 집을 짓는 것을 의미한다. 이러한 정착지들은 국제법상 위법이다. 제네바 회의(Geneva Conventions)에 의하면 점령을 위한 그 어떤 폭력도 허용되지 않는다고 기록하고 있기 때문이다.[18] 그러나 이스라엘은 이러한 땅들을 "논쟁의 땅"이라고 표현하면서 국제법을 피해 가려고 한다. 따라서 웨스트 뱅크, 가자(Gaza), 그리고 동 예루살렘에 건설된 새 이스라엘 정착지들은 팔레스타인의 입장에서 볼 때 가장 혐오스럽고 증오스러운 것이다.

다행히도 대부분의 이스라엘 사람들은 이스라엘의 팔레스타인 장기간 점령과 40만 팔레스타인 땅의 새 이스라엘 정착지는 팔레스타인 사람들에게 큰 빚을 지는 것이라는 생각한다. 2003년 11월 휴스톤 대학과 국제 문제 해결 단체인 제임스 베이커 3세(James A. Baker III) 연구소 의해 수행된 한 공식적인 투표결과에 따르면, 이스라엘 사람 대부분은 평화를 기원하고 있고 1967년 이전의 팔레스타인 국경선을 인정해야 한다고 발표한 적이 있다.[19] 비주류 운동 단체인 팔레스타인을 위한 양보와 타협을 주장하는 사람들인 "민중의 목소리"(The People's Voice)는 이스라엘 지식인을 대표하는 사람과 팔레스타인 지도자들이 모인 단체로서 그들은 20만 명 이상의 이스라엘인과 팔레스타인의 지지를 받는 사람들이다.[20] 양국의 시민들은 대다수가 평화를 원하고 있으며 이스라엘 사람들은 팔레스타인에게 자신들이 점령한 땅을 돌려주기를 원하고 있다.

가장 희망적인 서명이라고 할 수 있는 "제네바 발안권"(Geneva Initiative)이 있는데 이는 아직 공식적인 효력을 발휘하지는 못하고 있다. 50페이지에 달하는 이스라엘과 팔레스타인 사이의 평화조약의 내용을 서명한 것으로서 2003년 1월 이스라엘 전 수상이었던 요시 베이린(Yossi Beilin)과 팔레스타인 권력층인 야세르 아베드 라보(Yasser Abed Rabbo) 사이에서 체결된 것이었다. 이 협정서는 위에서 말한 대부분의 이스라엘과 팔레스타인 사람들이 원하는 평화협정과 동일한 내용을 다루고 있다. 이 협정서는 다음과 같이 기록한다: "우리는 온 세상 앞에서 선언한다. 우리의 갈등이 결코 해결되지 않는다고 말하는 사람들을 믿지 말라... 이 갈등을 종결짓도록 당신들의 협조를 요청한다."

그러나 불행히도 미국의 세대주의 종말론은 이스라엘의 점령과 그들의 새로운 정착지에 대대적인 찬성을 하고 있고, 이곳에서 벌어지는 갈등의 연장을 희망한다. 이스라엘 공동체의 기독교인 동료(Christian Friends of Israeli Communities)는 미국의 콜로라도주에 있다.[21] 이들은 미국의 복음주의적 신앙단체로서 이스라엘의 새로운 정착지와 관련이 있는 사람들이다. 그들의 입장은 다음과 같다: "성서를 믿는 사람들은 실로 지금 일어나는 이스라엘 사람들의 새로운 공동체에 대하여 찬성의 입장을 취해야 한다. 온 세상의 모든 기독교인들은 새 이스라엘 공동체를 지지하기 위해 부름을 받았다. 성서의 예언은 이스라엘이 포로가 되었고, 그리고 다시 자신들의 나라를 되찾아 새로운 정착지를 재건한다고 한다." 그러나 이들의 이러한 주장의 뒤 배경에는 세대주의 종말론이 있다는 것을 명심해야 한다.

이들 극단적인 복음주의 기독교인들은 전체 팔레스타인 땅이 원래는 이스라엘에 속한 영역이었다고 믿는다. 그들은 이렇게 믿고 있다:

> 1948년 이스라엘은 주권국가로서 다시 태어났다. 그리고 1967년 "웨스트 뱅크"는 기적과 같은 6일 전쟁으로 예언서의 말씀처럼 다시 병합되었다. 그 땅은 이스라엘이 점령하기 전에는 황무지였다. 이것이야말로 예언서의 성취가 아니고 무엇이겠는가! (Christian Friends of Israeli Communities, http://www.cfoic.com)

왜 미국인들은 극단적인 이스라엘 사람과 자신들을 동일시시키고 있을까? 미국 개혁교회 목사인 존 휴버스(John Hubers)는 많은 미국인들에게 현재 이스라엘은 미국이 황무지를 개척한 역사와 같은 맥락에서 이해된다고 단정한다. 중동교회 연합회에서 출판하는 저널인 *Newsreport*에 그는 다음과 같이 쓰고 있다:

> 세대주의 종말론의 심장 속 깊이 새겨진 것이 있다면, 그것은 아마도 미국인의 개척정신일 것이다. 우리는 이스라엘의 이야기를 통해서 우리의 이야기를 듣는다. 우리가 시오니즘 주의자들과 우리를 동일시하는 이유는 그들의 경험이 우리의 경험과 유사한 것이기 때문이다(John Hubers, "Christain Zionism and the Myth of america," *Newsreport,* Autumn 2002; http://www.cmep.org/theology/2003may9.htm).

이 생각이 정말 일반적인 미국인의 의식이라면, 그렇다면 미국인들은 그 생각을 바꿀 필요가 있다. 소설 『남겨진 자』(Left Behind)는 하나의 소설로서 "세대주의 종말론 자들의 신화"에 기초한 것이다. 이러한 종류의 소설은 중동, 즉 이스라엘과 팔레스타인 모두를 위협하는 위험한 책이다.

제 3차 세계대전과 인종청소

제 3차 세계대전은 세대주의 종말론에게 단순한 하나의 시시콜콜한 사건이 아니다. 이는 참된 기독교인들이 기뻐하는 하나의 역사적인 중대한 출발점이 된다는 것이다.

샌 안토니오 코너스톤 교회의 목사인 존 헤기(John Hagee)는 BBC 방송국의 한 인터뷰에서 제3차 세계대전은 이미 시작되었다고 말했다: "우리는 지금 종말의 시작을 보고 있다. 내 견해로는 911사건은 제3차 세계대전의 시작을 의미한다."

헤기는 이어서 다음과 같이 말한다: 우리는 지금 이슬람의 점진적 성장을 보고 있다. 그러나 하나님의 주권이 이 세상에 세워지는 날, 이스라엘을 보호하시고 이스라엘의 적들을 하나씩 제거해 나갈 것이다.

인터뷰하는 사람은 헤기에게 다음과 같이 질문하였다. "당신은 당신의 관점이 너무 위험하다는 것을 말하고 싶은가요?" 헤기는 "아니오"라고 대답하였다. 그리고 이어서 "그것은 위험한 것이 아니오!" "미래에 어떤 일이 일어날 때 그것을 자극적인 것으로 여길 어떤 이유도 없어요. 다만 우리의 미래에 그 어떤 무엇이 일어날 뿐이오!"[22]

성서와 관련하여 911사건을 제3차 세계대전의 시작을 의미한다고 주장하는 사람은 헤기(Hagee)만이 아니다. Time/CNN이 실시한 투표에 의하면, 59%의 미국인들은 요한묵시록의 사건들이 실현되기 시작하였고, 그리고 거의 4분의 1이 911사건은 성서에 기록된 것이라고 믿는다고 한다.[23] 『타임』의 표지이야기(Time's cover story)가 "성서와 묵시록"을 선전하듯이, 36%의 미국인들은 이스라엘을 지지하고 있고 예수 재림이 전에 유대인이 팔레스타인 지역을 지배해야 한다고 예언서에 기록되었다고 믿는다. 비록 이 보고서가 의미하는 지역이 "팔레스타인"을 포함하였는지는 알 수 없으나 36%의 수치는 정말 대단하다. 만일 투표자의 3분이 1 이상이 이와 같은 생각과 믿음을 가지고 있다면, 미국의 중동에 대한 정치적인 시나리오는 비극으로 치닫게 된다. 이들은 미국의 이스라엘 정부에 대한 군사적이고 정치적 지원을 적극 찬성하고 있기 때문이다.

이와 같은 극단적인 관점은 인종청소, 즉 팔레스타인들을 그들의 고향에서 추방시키는 일이 정당하다는 것을 말하고 있다. 이 관점은 전 미국 공화당 지도자이면서 텍사스의 근본주의 기독교인인 딕 아메이(Dick Armey)의 관점이기도 하다. 그는 MSNBC의 프로그램인 *Hardball* (May 2002)에서 다음과 같이 이야기하였다: "많은 아랍국가들은 수천만의 토지, 땅, 그리고 자산을 가지고 있다. 그리고 팔레스타인은 그곳에서 자신들의 국가를 건설할 기회와 권리가 있다." 아메이의 연설의 요지는 팔레스타인들은 현재 거주하는 땅에서 떠나 아랍국가들의 땅으로 이주해야 한다는 것이다.

신문기자인 크리스 메티우스(Chris Matthews)는 이렇게 질문을 하였다: "아메이는 팔레스타인이 웨스트 뱅크(West Bank)에서 떠나야 한다고 주장하는 것입니까?" 이 질문에 대해서 아메이는 "그렇다"라고 대답하였다. 그는 이어서 "대부분의 이스라엘 사람들은 세계의 여러 지역에서 이주하여 지금의 이스라엘 국가를 만들었다. 팔레스타인들도 이와 같은 형식으로 자신들의 국가를 만들 수 있다"고 말하기까지 하였다.[24]

전쟁을 선호하는 문서와 극단적 폭력주의자들에게 도전하기

엄밀히 말하자면, 나는 시오니즘을 반대하는 것이 아니라 중동의 전쟁을 합리화하고 전쟁을 선호하는 극단적 기독교 시오니즘을 반대한다. 많은 이스라엘 사람들 역시 나처럼 기독교 시오니즘을 비판한다. 이전 이스라엘 지식인 그룹의 지도자이고 미국 유대인 위원회의 중역인 요시 알프(Yossi Alfer)는 CBS의 60분 토론에서 다루어진 "시온의 기독교인 전사들"이라는 주제에서 "하나님은 이러한 극단적-근본적 사람들로부터 우리를 구원하신다"라고 말하였다.

유대인의 시오니즘과 크리스챤 시오니즘을 분명히 구별할 이유가 있다. 전통적으로 우리는 반 유대인적 시각에 대한 부끄러운 고백을 하고 있는데, 미국 루터란 교단인 ELCA(Evangelical Lutheran Church in America)는 마틴 루터(Martin Luther)의 반 유대인적인 글들을 거부하면서 지난 시대의 반 유대인 사상을 반성하고 있다.[25] 우리는 팔레스타인들의 이스라엘인에 대한 폭력 또한 반대한다. 유대인과 유대교를 지지하는 것은 기독교인이나 성서학자들이 해야 할 중대한 임무중 하나이지만, 그들에 대한 지지는 단지 1967년 이전의 이스라엘 국경을 의미하는 것 그 이하도 이상도 아니다.

그러므로 우리의 지지는 세대주의 종말론이 지지하는 것과는 하늘과 땅 차이이다. 언제든지 사람들이 성서의 예언의 말씀을 폭력과 연관시키려 한다면, 그것은 성서를 오용하는 행위이다. 우리는 이러한 자들을 극단주의자들이라고 부른다.

펠웰(Falwell)은 예언자 모하메드(Muhammed)를 "테러리스트" 그리고 "전쟁의 용사"라고 부른다. 그리고 회교를 폭력적 종교라고 지명한다.[26] 어떤 면으로 볼 때, 기독교, 유대교, 그리고 회교도등 세상의 모든 종교가 폭력적 종교로 변질 될 수 있다. 다른 한편으로는 세 종교 모두가 평화의 종교라고 불려질 수도 있다. 어떤 형태의 종교인지는 각자의 개인들의 취향에 맞게 각 종교의 전통을 끄집어내는 태도와 자세가 중요하다. 어떤 사람은 자신의 종교에서 "테러리스트"와 같은 폭력적 형태를 끄집어내고, 다른 사람들 평화를 만드는 전통을 세울 수 있다.

나의 관점은 이것이다: 우리는 결코 폭력적 맥락에서 성서를 이해할 수 없다. 우리는 반드시 세대주의 종말론의 요한묵시록 전통을 폭력적으로 끄집어내는 태도에 대하여 "아니오!"라고 말해야 한다. 극단주의 종교인들의 관점은 예루살렘과 특별히 중동지역을 파멸이라는 종국으로 이끈다. 이러한 관점은 성서적이지도 않고 또한 그것은 하나님의 마음도 아니다.

기독교 시오니즘은 이스라엘 군사점령으로 고통당하는 팔레스타인들의 현실적 삶의 이야기와 평화를 위해서 고전 분투하는 이스라엘인과 팔레스타인들의 삶에 정면으로 대조되는 것이다. 듀크 대학의 연구자인 애미 존슨 프라이크홈(Amy Johnson Frykholm)은 소설 『남겨진 자』 독자와의 인터뷰에서 이들이 주장하는 반복되는 주제에 대하여 다음과 같이 인식하게 되었다. 이 소설의 한 열광적인 독자는 프라이크홈에게 말하기를, 오직 "독특한" 대안만이 세대주의 종말론에 심취한 그녀의 태도를 바꿀 수 있을 것이라고 말하였다.[27] 우리는 그들이 바라는 "독특한" 대안이 있다. 즉, 이스라엘과 팔레스타인 사이의 "비폭력과 평화의 이야기"가 바로 그것이다. 우리는 요한묵시록의 “양의 힘”[약자의 힘]을 믿고 있다.

예루살렘에 거주하고 있는 팔레스타인 루터란 주교 무닙 요난(Munib Younan)은 기독교인은 “악의 축”에 대조되는 “희망의 축”을 믿는 사람들이라고 말한다. 이러한 그의 신학은 구 예루살렘 난민촌에서 자란 그의 경험에서 나온 것이다.[28] 요난은 “예언의” 현실 실현을 꿈꾸는 사람이다. 하지만 그의 “예언적”인 꿈은 세대주의 종말론이 주장하는 “예언”과는 상반되는 개념이다:

> 팔레스타인 교회는 희망의 축이라는 역할을 감당하기 위해서 부름을 받은 사람들이고 우리의 사명은 예언적이어야 한다. 우리는 불의에 대항하기 위해서 부름을 받은 사람들이고, 이를 위해서 희망을 말해야 하는 사람들이다. 우리는 우리가 사는 이 땅에서 정의를 실현해야 하고, 우리의 자녀를 그리스도의 일꾼으로 교육해야 한다. 우리는 이를 위해서 정의와 평화를 우리의 루터란 교회와 기독교 학교들에 실현해야 한다... 우리가 예언적이야 함은 우리의 잘못된 습관인 복수와 증오의 마음을 버려야 하기 때문이다("Bishop Younan's Reformation Day Message," in Ann E. Hafften, ed. *Water from the Rock: Lutheran Voices from Palestine* [Minneapolis, Minn.: Fortress Press, 2003], 22).

예헤즈겔 랜다우(Yehezkel Landau)과 달리아 랜다우(Dalia Landau)의 이야기는 희망을 이야기하는 또 다른 이야기다. 예헤즈겔 랜다우는 1983년 레이건(Reagan) 대통령의 중동정책에 문제를 제기했던 이스라엘 신학자이다. 랜다우 그룹은 평화를 주장하는 사람들로서 웨스트 뱅크(West Bank)에서 진행 중인 팔레스타인 거주지의 강제점령을 비판한다. 그리고 그들이 제안한 대안은 두 나라가 한 땅에 더불어 사는 공존이다. 그들은 종교적인 시오니즘주의 자들로서 유대인 시오니즘은 팔레스타인과 함께 만들어 나가는 평화운동이어야 함을 강조한다.[29] 성서의 예언들은 세대주의 종말론이 말하는 것처럼 중동 지역에 폭력과 아마겟돈 전쟁이 발생한다고 믿지 않는다. 오히려 성서의 예언은 예루살렘에 평화와 희망의 소리를 울려 퍼지게 하는 것이라고 주장한다.

달리아(Dalia) 자신의 이야기도 이와 비슷한 맥락이다. 1967년 그녀는 자신이 자란 집(이스라엘의 램니 지역)이 원래는 아랍 사람이 살던 집이었고, 이스라엘 군인들이 1948년 강조로 뺏었다는 것을 알게 되었다. 그녀가 어렸을 때, 그녀의 가족은 그냥 이 집이 "버려진" 집으로 생각하였다고 한다. 거의 20년이 지난 즈음 이스라엘이 1967년 웨스트 뱅크(West Bank)지역을 강제 점령할 시기, 그녀는 알 카이리(Al-Khayri) 가족을 만났다. 그때 그들은 그녀로부터 집을 돌려줄 것을 요구했다고 한다. 그녀의 부모가 죽고 그녀 자신이 그 집을 유산으로 상속받은 후, 그녀는 이 집을 민간기구인 *Open House*(이스라엘 유대인과 이스라엘 아랍인을 위한 치로와 회복의 기구)에 기부하기를 결정하였다. 이 센터는 이스라엘과 팔레스타인들 모두를 위한 평화를 위한 기구였다.[30]

그러나 달리아의 경우와 대조되는 많은 이야기들이 있다. 그것은 기독교 시오니즘주의 자들이 바라고 전망하는 중동에서 벌어지는 폭력과 이로 말미암은 결과로 발생하는 희생자들의 이야기이다. 나임 애틱(Naim Ateek)과 세빌(Sabeel)은 아랍사람들을 위한 해방신학을 연구하는 사람들로서 세빌의 의미는 "물의 근원"이라는 뜻이다. 이들은 이스라엘과 팔레스타인의 문제를 해결하고자 몸부림치는 여러 가지 기구들의 이야기를 소개하였다: 1) 정부의 팔레스타인 거주지 파괴에 반대하는 위원회의 이야기(이들은 이스라엘 사람과 팔레스타인은 함께 불도저가 밀어버린 집을 다시 짓는 일을 협동으로 일하고 있다고 한다); 2) 침묵의 여성들의 이야기(Women in Black, 이 여성들은 이스라엘의 강제점령에 대하여 침묵하지만 이런 침묵으로 저항하는 사람들이다); 3) 세계 기독교의 팔레스타인 교회와의 연합이야기; 4) 인간권리를 위한 랍비들의 모임이야기; 5) 비이타살렘(B'Tselem)의 이야기(히브리어로 "하늘의 형상으로"란 뜻으로서 이스라엘의 정책을 바꾸기 위한 인권을 위한 모임). 이들의 이야기가 무엇을 말하고 있는가? 이스라엘인들과 팔레스타인들은 평화를 원하지 세대주의 종말론이 원하는 전쟁을 원하지 않음을 보여주고 있다. 이들은 단순하다. 그냥 자신들의 이웃과 평화롭게 공존하면서 살기를 원할 뿐이다.

이스라엘, 웨스트 뱅크, 가자, 그리고 예루살렘에 사는 사람들은 하나님이 전쟁이 아니라 평화를 원하고 계신다고 믿는 사람들이다. 우리는 그들의 이야기를 이렇게 세대주의 종말론이 이야기하는 이야기와 "다른 이야기"를 해야 한다. 이제부터 이야기하는 것에 귀를 기울여야 할 것이다.

오! 작은 마을 베들레헴

이제 나는 당신을 베들레헴 여정으로 인도할 것이다. 이곳은 "양의 힘"으로 세상에 오신 예수가 탄생하신 곳이고, 하나님이 우리와 함께 하신다는 것을 2000년 전에 보여준 아름다운 마을이다.

베들레헴의 예수가 오신 이야기는 크리스찬 시오니즘이 말하는 폭력과 복수의 화신과는 상반되는 연약한 어린이가 태어난 장소이다. 예루살렘에 군대를 규합하는 사자와 같은 예수의 이미지나 폭력을 행하는 예수의 이미지가 아닌 누가복음서에서 말하는 것처럼 목자들의 목소리를 들어야 한다. "베들레헴으로 가자!" 우리는 베들레헴에서 겸손하고 온유한 어린양 예수를 만날 것이다. 우리는 베들레헴에서 예수 탄생의 시기에 폭력이 아닌 평화의 다른 이야기를 들을 수 있다.

기독교 전통에 의하면, 예수 탄생의 교회(the Church of Nativity in Bethlehem)는 예수가 탄생한 장소로 여겨진다. 이 교회는 오늘날 팔레스타인들의 피난처가 되고 있고 이스라엘 군인이 폭력으로 이들을 진압하는 장소가 되어 버렸다. 베들레헴의 루터란 목사인 미트리 라헵(Mitri Rahep)은 1967년 당시 그의 가족이 이 예수 탄생교회에서 위험을 극복한 이야기를 다음과 같이 상기하였다:

> 나는 여전히 1967년의 6일 전쟁을 기억한다. 전쟁이 막 시작되자마자 이스라엘은 베들레헴을 폭격하기 시작했다. 어머니는 나를 예수 탄생 기념 교회로 데리고 갔다. 그곳에는 나와 그리고 많은 기독교 가족들이 은둔하는 피난처였다. 우리는 전쟁기간동안 교회 안의 한 방에서 함께 살았다. 왜냐하면 이스라엘 군인의 폭격에도 불구하고 그 교회는 안전한 곳이라고 여겼기 때문이다(Mitri Raheb, *I Am a Palestinian Christian* [Minneapolis, Minn.: Fortress Press, 1995], 4).

예수 탄생 교회를 들어가기 위해서 당신은 허리를 구부려야 하고, 예수가 탄생한 장소를 만지려면 무릎을 꿇고 허리를 구부려야 한다. 그리고 그곳에는 아주 연약한 소년의 모습을 한 예수와 그의 어머니 마리아의 모습이 그려진 그림이 있다. 온 세상의 모든 기독교인들은 예수 탄생의 장소를 방문한다. 예수는 아주 연약한 아기로 이 땅에 오셨다. 그는 세상을 사랑하셔서 세상을 치료하기 위해서 오셨다. 그는 그의 전 삶을 고통받는 사람들을 치유하는데 바쳤다.

오늘날 이스라엘과 팔레스타인에는 참으로 많은 상처받은 사람들이 살아가고 있다. 이 땅은 거의 날마다 이어지는 자살폭탄과 이스라엘 군인의 폭력으로 인하여 셀 수 없는 희생자들이 넘쳐나고 있는 실정이다. 나는 이 땅을 방문하면서 참으로 많은 희생자들을 보아왔다. 다른 한편으로는 상처받은 사람들을 치유하는 간호사, 의사, 그리고 많은 봉사자들 또한 보았다.

2002년 크리스마스 이브 때, 나는 하나님이 이 세상을 얼마나 사랑스럽게 보살피고 계시는지를 상기시키게 해 주었던 한 인상적인 간호사를 만났다. 통행금지령 탓에 우리 부부는 여정 중 마지막 주가 될 때까지 베들레헴에 들어갈 수가 없었다. 마침내 크리스마스 이브가 되자 이스라엘 군인은 통행금지령을 완화하였고, 우리는 예수님의 탄생일에 베들레헴으로 들어갈 수 있었다. 검문소를 통과하고 베들레헴에 들어서자마자 우리는 기뻐 날뛰었다. 비가 억수처럼 내리는 날씨에도 불구하고 사람들과 우리 부부는 기뻐하였다.

우리는 이스라엘 강제점령에 반대하는 침묵시위에 참여하였다. 이 시위는 베들레헴과 세계의 여러 많은 나라들에서 온 기독교인들, 그리고 이스라엘 사람 조직단체인 "지금 평화를!"(Peace Now)이 참여하였다. 내가 그 간호사를 만난 곳도 바로 그곳이었다. 찬 겨울비를 맞으며 "강제점령을 그만 두라!"라는 표지를 들고 서로 언 몸을 녹이려고 모여들 때, 그 팔레스타인 간호사는 우리를 그의 집으로 초청하였다.

강제점령을 당한 와중에도 그의 집은 손님에게 편안함을 주기에는 완벽하였다. 그들은 이스라엘 군인들이 테러리스트를 찾기 위해서 방문을 부순 현장을 보여주었다. 가장 인상적인 것은 그 팔레스타인 간호사가 이스라엘 사람들을 보살피고 간호하는데 열성을 다하고 있다는 것이다. 그는 타박상 환자 전문 간호사다. 지금 그는 이전의 직장이었던 예루살렘의 핫다사(Hadassah) 병원에서 쫓겨난 신세다. 왜냐하면 그는 통행금지령 때문에 베들레헴에서 예루살렘으로 갈 수 없는 상황이기 때문이다. 지금 그는 닭을 키우면서 생계를 유지하고 있다. 그는 친절한 눈과 온순한 삶의 태도를 지닌 사람이었다.

간호사들의 치유가 그 예전 예수가 상처받은 사람들을 치유한 것과 같은 것은 아닐까? 베드로의 장모를 고치시고, 악마와 열병으로 병든 사람을 고치신 예수의 치료를 이러한 간호사들의 손길에서 볼 수 있다는 생각을 해 보았다. 성서 전체는 사실 이러한 치유의 역사를 담고 있다고 해도 과언이 아니다. 치유하고자 하시는 하나님의 사랑은 이스라엘/팔레스타인 뿐 만 아니라, 전 세계의 사람들을 향해 행하고 계신다.

오늘날 중동에서 일어나고 있는 일들을 심사숙고 해 볼 때, 요한묵시록의 메시지가 주는 것은 무엇인가? 상처받은 이스라엘/팔레스타인 사람을 요한묵시록의 관점에서 볼 때, 요한묵시록의 치유의 말씀이 떠오른다. 그건 바로 "생명의 나무"다(요한묵시록 22:2). 생명의 나무는 요한묵시록의 가장 의미 있는 이미지 중 하나로서, 처음에는 사람들의 허기를 채우기 위한 역할로서 나오고, 그리고 다음에는 세계를 치유하는 웅장한 나무로 등장한다. 이 비전은 구약성서의 에스겔서에서 영향을 받은 것이다(에스겔 47:9-12). 생명의 나무는 회교도 전통에서도 중요한 역할을 하는 것이다.

나는 하나님이 세대주의 종말론이 주장하는 것처럼 폭력이나 아마겟돈 전쟁으로 우리를 초청하지 않는다고 확신한다. 성서의 놀라운 생명나무의 은혜의 잔치 자리로 우리를 초청하고 계신다. 팔레스타인 간호사처럼 하나님은 "치유의 나뭇잎"들을 "상처받은 자의 상처" 위에 가만히 얹어 놓으신다.

중동을 위한 하나님의 계획은 결코, 피비린내나는 전쟁의 계획이 아니다. 새 예루살렘의 비전은 생명의 나무가 도시와 나라들을 가로지르며 치유하고 생명을 부여하는 살리는 역사의 이루심을 보여주는 것이다. 예수께서 지푸라기의 마구간에서 탄생하였다는 것도 이와 같은 맥락에서 이해될 수 있다. 하나님은 이 세상에, 중동 지역에, 그리고 온 창조물 안에 평화와 치유를 주기 위해서 이 땅에 오셨다.

4

예언과 묵시

요한묵시록에 대한 사람들의 호기심은 끊임없다. 그러나 사람들이 막상 이 책을 읽기 시작하면 두려움을 느끼게 된다. 소설『남겨진 자』(Left Behind)같은 소설은 바로 이런 두려움을 느끼는 사람들의 심리를 잘 이용한 것으로서, 이 책의 한 열광적인 독자는 연속 멜로드라마와 같은 효과의 재미를 느낀다고 하기까지 한다.[1]

문제는 이러한 부류의 재미를 끄는 소설들은 요한묵시록의 사실을 왜곡한다는데 있다. 이들은 잘못된 예언적 관점에 기초하였다. 그러므로 특별히 이번 장에서는 요한묵시록을 하나님의 미래에 대한 상세한 예언을 요한묵시록에서 끄집어내는 행위와 같은 왜곡에 대한 관점을 비판하려고 한다.

요한묵시록에서 가장 처음 나오는 단어는 "묵시"라는 말로서 종종 "계시"로 이해되기도 한다. 묵시라는 말은 무엇을 의미하는가? 이 용어가 요한묵시록에서 무엇을 의미하는가? 이 단어는 마지막의 재앙을 표현하는 의미로 쓰이기보다는 "밝힘 혹은 드러냄(unveiling)"과 같은 정도의 의미로 사용된다고 볼 수 있다. 세상의 숨겨진 진실들을 밝히는 책들이 바로 묵시록들이다. 요한묵시록이 기록될 당시, 묵시록은 유대인이나 기독교인들에게 잘 알려진 문학장르였다. 묵시록은 고대인들에게는 익숙한 문학장르로서 묵시록에서 사용된 이미지나 문학구조를 이미 잘 이해하고 있었던 게 사실이다. 이는 오늘날 현대인들이 공상과학 소설이나 그런류의 영화에 익숙한 것과 유사하다고 보면 된다. 이와 마찬가지로 고대인들도 드라마나 묵시문학 같은 문학장르에 흥미를 가졌다.

요한묵시록이나 고대의 묵시문학에서 가장 전형적인 요소가 있다면, 그것은 공상적인 여행일 것이다. 이 여행은 시간과 공간을 포함한 여행이다. 이 여행은 과거로도, 미래로도, 하늘로도, 그리고 지옥으로도 가는 다양한 여정의 길을 소개한다. 여정에서 여행자는 천사도 만나고 다양한 색깔로 변장하는 동물도 만나고, 전쟁, 그리고 다양한 역동적인 위험의 요소들과 만나기도 한다. 예를 들면, 제 2 에즈라서(Second Esdras)에서 에즈라는 묵시적인 여정을 하게 되는데, 그 여정 중 12의 날개를 가진 독수리를 만나고 사자와 이야기도하고 그리고 어느 한 도시로 들어가는 여인을 만나기도 한다. 그러므로 요한묵시록에 등장하는 머리가 여러 개 달린 짐승이나 여성의 도시 그리고 다른 공상적인 물체들은 결코 요한묵시록 이전에 없었던 어떤 새로운 것이 아니었다.

전형적인 묵시문학의 구성에 따르면, 공상 여행을 다녀온 사람은 그들이 본 사실을 알려주기 위하여 다시 돌아온다. 이들은 보통 사람들에게 회개를 요구하는데, 아마도 이는 정치적인 의미에서 회개를 의미하는 것이지 개인적인 죄의 회개를 말하는 것은 아니었던 것으로 본다. 예를 들면, 제 2 에즈라서는 로마제국의 불의를 정치적으로 고발하는 의미에서 환상을 본 사람은 돌아오고 그 환상을 사람들에게 알려준다. 사해문서 중 하나는 묵시문학인데, 구약성서 다니엘서와 유사하다. 마그타 힘멜팝(Martha Himmelfarb)의 책 『지옥으로의 여정』(*Tours of Hell*)은 지옥의 여정에 대한 고대 묵시문학의 종류들을 소개한다.[2]

한 재미있는 이야기를 소개해 보겠다. 백 년 전 찰스 디킨즈(Charles Dickens)는 그의 유명한 책 『크리스마스 캐롤』(Christmas Carol)에서 묵시여정을 소개하였다. 도덕적 교훈을 주는 연극으로서 우리가 잘 아는 구두쇠 스크루지(Scrooge) 영감이 자기의 인생을 뒤돌아보는 여정이다. 한 무시무시한 귀신인 제이곱 마레이(Jacob Marley)는 스크루지에게 인생을 똑바로 살지 않으면 [회개하지 않으면] 미래에 화가 있을 것이라고 첫 번째 경고를 한다. 마레이(Marley)는 금고, 열쇠, 자물쇠, 장부, 계약서, 그리고 무거운 돈지갑으로 만들어진 쇠사슬을 끌고 왔다. 이렇게 하여 스크루지는 자신의 비참했던 과거로의 여정을 떠났고, 그리고 이어서 과거보다 더 비참한 미래로의 여정도 떠난다. 여정도중 그는 자신의 고용자인 크래칫(Cratchit)의 따뜻하고 사랑이 넘치는 가정을 보았다. 자신의 모습과 고용자 크래칫의 모습을 대조하는 이 여정을 통해서 스크루지는 점점 회개하기 시작한다.

스크루지는 그의 마지막 여정인 자신의 쓸쓸한 무덤의 현장을 방문하고선 마침내 변한다. 그는 크리스마스의 영에게 간청한다: 여정 중 내가 본 비전들이 일어날 지도 모르는 가정으로 남겨주시오! 그래서 나에게 저 비참한 나의 미래를 바꿀 기회를 주십시오!:

> 한 영이 공동묘지에 서서 한 무덤을 가리켰다. [스크루지]는 벌벌 떨면서 그 무덤으로 나아갔다... 스크루지는 이렇게 말했다: "내가 저 무덤의 돌을 내 앞으로 잡아끌기 전에 나에게 대답해 주시오! 지금 보고 있는 이 미래의 환상들이 정말 반드시 일어날 것인가요? 아니면 일어날지도 모르는 하나의 가정인가요?"
>
> 그러나 그 영은 그 자리에 선 채 아무 말 없이 무덤 쪽으로 자신의 손을 가리키기만 하였다.
>
> "영이시여!" 하고 스크루지는 소리를 쳤다. "제 말을 제발 들어주시오! 나는 지금까지 우리가 환상에서 보았던 그런 사람이 아니오. 만일

> 나의 미래에 더 이상 희망이 없다면 왜 당신은 이런 것들을 나에게 보여 주시는 게요?"
>
> 스크루지는 무덤 속으로 들어가기 전 다음과 같이 말하였다: "선한 영이시여! 당신의 진실을 알겠오. 그리고 당신이 나를 불쌍히 여기는 것도 잘 알겠오. 당신은 만일 내가 나의 삶을 바꾼다면 나에게 한 번 더 희망을 주겠지요!"

극도의 절망적인 순간에 스크루지는 자신의 삶을 바꾼다. 그는 여정을 통해서 다른 삶을 사는 새로운 사람이 된 것이다. 여정이 다 끝나고 스크루지는 여전히 자신이 침대 위에서 자고 있는 것을 깨달았다.

요한묵시록도 이와 유사한 여정의 길을 우리들에게 소개한다. 요한묵시록이 『크리스마스 캐롤』과는 다른 것은 사실이지만, 묵시적인 여정을 이야기하고 있다는 맥락에서 동일한 모티브를 가지고 있는 것은 분명하다. 요한묵시록의 저자인 요한은 일곱 교회를 위해서 스크루지가 경험했던 것과 같은 묵시적인 여정을 소개한다. 요한은 그의 묵시록에서 두 개의 상반되는 도시를 소개한다. 그는 "바벨론"이라고 불리는 악한 도시를 보는데, 이 도시의 상인들과 왕들은 자신들의 부귀영화가 한 순간에 무너지는 것을 경험한다. 요한은 바벨론이 일곱 개의 언덕 위에 앉아 있다는 것을 듣는다—사실 여기서 바벨론은 로마를 가리킨다—그리고 한 천사가 기독교인들에게 그 도시로부터 탈출하여 나오라고 외치는 소리를 듣는다(요한묵시록 18:4).

궁극적으로 요한은 한 대안적인 도시를 보는데, 이는 하나님의 은혜로운 환상적인 세계로의 기독교인들에 대한 초대로서, 이 도시는 신부가 하늘로부터 내려오는 화려함을 자랑한다. 기독교인은 바로 이 도시의 시민으로서 희망을 안고 살수 있다는 비전이 바로 요한묵시록의 전체 메시지라고 해도 과언이 아니다. 이를 위해서 긴급한 메시지가 있는데, 이는 기독교인들은 하나님을 섬기는데 진지해야 하고, 이 거룩한 도시의 시민으로 참여하기 위해서는 바벨론/로마와의 인연을 철저히 끊어야 한다는 것이다.[3]

첫 번째 묵시여정(요한묵시록 4-5)에서 요한은 하늘을 여행한다. 그는 하나님의 아름다운 보좌를 본다. 그리고 하나님의 이 우주를 다스리는 힘과 권위를 경험한다. 천사와 동물들이 하나님을 경배하고 어린양 예수를 찬양하는 것을 본다. 요한묵시록의 결론적인 비전은 커튼에 가려진 로마제국의 실상을 밝히고 있다: 로마는 영원한 대 제국이 아니라 이 세상의 약한 나라와 사람들을 괴롭히는 악마적인 짐승이다. 하나님의 사람은 반드시 이러한 짐승의 제국에서 탈출하는 영적인 승리를 거두어야 한다는 것이 요한묵시록을 기록한 요한의 비전이다. 하나님은 이러한 대 탈출을 위해서 출애굽 당시 행하셨던 대 재앙을 바벨론/로마제국에 내릴 것이다. 우리는 우리의 안위를 로마 제국이나 다른 어떤 제국 [오늘날 세계를 지배하는 제국이라고 할 수 있는 미국]에게 우리의 미래와 평안을 내 맡길 수 없다. 우리는 하나님에게만 오직 충성을 할 수 있는 사람들이다 [이유는 알 수 없지만 로마제국은 실제로 멸망했다].

이처럼 여러 다양한 묵시문학처럼 요한묵시록도 파괴적인 장면을 보여줌으로써, 독자를 위협하는 것은 사실이다. 1장부터 22장까지 요한묵시록은 우리를 지진, 대양의 재난 [쓰나미와 같은 재난], 그리고 사람들이 생각할 수 없는 무시무시한 대 재앙의 여정으로 우리를 인도한다. 특별히 이 책에서 소개되는 7가지 봉인, 나팔, 그리고 대접에 대한 재앙은 독자를 섬뜩하게 한다. 이러한 재앙들은 마치 스크루지 영감이 본 비전들처럼 독자들에게 회개하기를 촉구한다. 사실 스크루지 영감은 돈 다발로 만들어진 쇠사슬에 매여 있는 게 아니라, 자신의 잘못된 마음과 지독

한 이기주의적 삶에 매여 있었던 사람이다. 하지만 비전을 미래에 일어날 일에 대하여 문자 적으로 이해해서는 안 된다. 요한묵시록의 비전들 역시 스크루지 영감이 경험하였던 비전과 비슷하게 삶의 변화를 촉구하는 것이다. 요한묵시록의 목적은 새로운 비전에 의해 하나님에 대한 신실한 신앙을 가지도록 강력히 촉구하는 것이다. 따라서 비전도 이와 같은 맥락에서 이해되어야 한다.

스크루지가 던진 질문은 요한묵시록에서 던지는 질문과도 유사하다: "만일 나에게 이미 희망이 없다면, 왜 내게 이런 비전을 보여주는가?" 그렇다. 요한묵시록이 독자들에게 비전을 보여주는 목적은 여전히 우리가 살아가는 이 세상에 희망이 있기 때문이다. 실제로 요한묵시록에서 말하는 희망은 하나님의 어린양 예수가 이미 승리한 비전이고, 하나님의 백성은 이를 믿고 따르는 비전이다. 희망은 오직 우리가 어린양을 따라서 살아가는 것이며, 동시에 이를 위하여 모든 종류의 제국 적인 불의와 폭력을 반대하는 것이다. 그러므로 요한묵시록에서 말하는 재앙들은 오히려 우리 기독교인들에게는 희망의 메시지인 셈이다.

예수는 누가복음서에서 생생한 묵시적인 이야기를 소개한다. 이는 요한묵시록이나 『크리스마스 캐롤』에서 보여준 비전과도 유사하다. 누가복음은 죽음을 맞이하는 어마어마한 한 부자를 소개하는데, 그는 생전에 자신의 대문에서 구걸하는 거지 나사로를 외면한 사람이다. 부자가 죽은 이 후 그는 고통 속에서 신음하고 있다. 누가복음의 저자는 두 번의 여정으로 독자를 인도하는데, 하나는 소름끼치는 "지옥에서 고통받는 부자의 모습"을 보는 여정이고, 다른 하나는 "하늘 아브라함의 품에 안겨 안식을 누리는 거지 나사로의 모습"을 보는 여정이 그것이다. 이 묵시여정은 더 더욱 생생하게 이 두 사람의 운명을 비교하는데, 지옥의 고통에서 신음하는 부자가 하늘의 아브라함 품에 안겨 안식하는 나사로를 볼 수 있다는 것이다. 그리고 그 부자는 자신도 아브라함의 품에 안겨 안식을 누리게 해 달라고 요청한다. 누가복음의 저자가 인도하는 이 여정의 메시지는 아브라함의 말에서 엿 볼 수 있다: "얘야! 되돌아보거라. 살아있을 때 너는 온갖 복을 다 누렸지만, 나사로는 온갖 불행을 다 겪었다. 그래서 그는 지금 여기에서 위로를 받고, 너는 고통을 받는다"(누가복음 16:25).

이 여정의 목적은 미래에 구체적으로 누가 저주를 받고 누가 축복을 받는지를 설명하고자 하는 것이 아니다. 아브라함의 품은 문자 적인 가슴이나 품이 아니다. 결국 저자는 여전히 이 세상을 살아가는 사람들을 일깨우고자 하는 목적, 즉 묵시적인 여정을 소개한 것이다. 저자는 독자에게 자신들이 살아가는 현장에서 가난한 자를 돌아보고 돕기를 갈망한 마음이었을 것이다. 과연 오늘날 당신이 지옥으로의 여정으로 인도를 받는다면, 과연 그 여정이 당신으로 하여금 어떤 교훈을 줄까?

소설 『남겨진 자』 역시 이러한 묵시여정으로 독자들을 안내하고, 그리고 미래에 대한 하나님의 계획을 소개하고 있다. 이것이야말로 소설이 가진 강점일 것이다. 그러나 이런 부류의 소설의 문제점은 하나님에 대한 신앙이나 세상에 대하여 위험한 결론을 초래하고 있다는 점에서다. 소설 『남겨진 자』는 개인주의적인 성향의 묵시문학으로서 소수의 엘리트나 갑부들을 위한 부자 묵시문학이다. 이들은 누가복음 16장에서 누가복음의 저자가 보여준 부자와 거지 나사로의 경우에서 가난한자와 억압받는 자들을 향한 복음의 메시지와는 질적으로 다른 삶을 살아가는 사람들이다. 소설 『남겨진 자』의 등장인물들은 비행기나 헬리콥터를 타고 다니거나 지하 벙커에서 자신들의 생명을 유지하는 부유한 사람들이다. 그들은 고도의 기술을 이용하거나 10만 불 짜리 차를 타고 다니는 부유층 사람으로서 요한묵시록의 메시지와는 전혀 들어맞지 않는 부류들이다. 그러나 요한묵시록의 등장인물들은 다들 힘없는 민중들이다.

요한묵시록은 남아프리카 신학자 알렌 보섹(Allan Boesak)이 말하듯이 "하나님의 푸뿌리 민중"처럼 원래 억압의 현장에서 고통받는 사람들을 위해 쓰인 것이지, 고도의 발달된 기술을 이용하며 호화를 즐기는 사람들을 위해서 쓰인 게 아니다. 오늘날 이 요한묵시록을 가장 잘 이해하는 길은 이 책이 기록된 당시 독자들의 삶을 살펴보는 길이다. 로마제국의 폭력과 압제 아래서 고통당하는 기독교인들의 삶을 상상해 보라! 요한묵시록은 이러한 생생한 현장 아래서 그들을 위로하기 위해서 쓰인 묵시여정이다. 로마제국에 대항하는 목소리는 그들에게 복음이요, 찬송가로 들렸을 것이다.

요한묵시록이 쓰일 당시 모든 사람의 마음속에 68-70년에 일어났던 끔찍한 유대인 전쟁이 여전히 생생히 남아 있었을 것이다. 20여 년 전 로마정복자가 예루살렘 성전을 파괴하고 많은 사람을 노예로 만들었던 그 사건은 그들의 뇌리에 여전히 남아 있었을 것이다. 아마도 요한묵시록의 저자인 요한은 이 전쟁에서 살아남은 생존자였을지도 모른다. 요한묵시록의 저자는 요한묵시록을 주 후 96년경쯤 터키 서부의 해안인 밧모(Patmos) 섬에서 기록하였다고 학자들은 이야기한다. 그의 목적은 사람들로 하여금 하나님의 뜻을 알게 하는 것이었다. 그의 글은 무자비하고 비합법적인 잔인성을 날카롭게 비판한 대담한 작품이다.

그의 글 중 가장 대담한 내용은 로마제국이 "앞으로 조금 더 그 영화를 누릴 것이고" 그럴수록 로마제국의 종말은 점점 가까워 오고 있다는 내용이다. 요한묵시록을 읽었던 주 후 1세기 독자들은 묵시록이 말하는 선포의 내용인 "마지막 날"은 이 세상의 마지막을 의미하는 것이 아니라,

로마제국의 종국을 의미한다는 것을 잘 알고 있었을 것이다. 묵시록은 로마의 슬로건인 "영원한 로마"(Roma Aeterna)에 정면으로 대면하여 예언적인 말씀으로 이를 비판하였던 것이다. 요한은 커튼 뒤에 숨겨진 힘의 진실인 로마의 실체를 밝히기 위해서 커튼을 힘차게 접어 젖힌다. 이는 마치 토토(Toto)가 "오즈의 마법사"의 정체를 밝히기 위해서 커튼을 열어 제치는 것과 흡사한 행위이다. 묵시문학은 이처럼 불의한 현실세계의 폭력성을 열어 제치면서 대안적인 하나님의 희망과 새로운 세계를 안내하는 강력한 문학이다.

요한묵시록에서 가장 스릴이 넘치는 묵시여정은 하늘에서의 전쟁과 하늘의 여인의 극적인 구조를 다루는 12장이다. 요한은 우리를 하늘로 안내한다. 그리고 그 하늘을 다스리는 보이지 않는 손의 실체인 사탄 로마를 고발한다. 사탄은 이미 하늘 전투에서 실패하였고, 땅으로 쫓겨나게 된다. 이는 로마가 가지고 있는 이 땅의 권세는 단지 일시적인 것으로서 사탄이 지옥으로 던져지게 되는 날까지만 지속될 것이라는 것을 암시한다. 12장은 극적인 장면을 보여주는데, 용과 모양을 변형하는 동물들이 등장하고 인간화한 "땅"이 등장하는데, 이 존재는 신비의 여인을 구출한다. 다른 많은 비전에서도 제시된 것처럼, 이 비전의 목적은 "하나님의 구원과 그의 나라가 임했다"는 것을 선포하기 위한 것이다. 즉 그들은 로마나 다른 어떤 제국이 아니라, 하나님 나라의 실현을 추구하고 있다. [이것이 주 후 1세기의 독자들이 이해한 묵시문학이다].

예언은 예보가 아니다! 예언은 시대에 대한 적절한 경고이다!

요한묵시록은 묵시문학이면서 동시에 예언서이다. "이 예언의 말씀을 읽는 사람과 듣는 사람과 그 안에 기록되어 있는 것을 지키는 사람은 복이 있습니다. 그때가 가까웠기 때문입니다"(요한묵시록 1:3). 요한의 예언은 이 세상을 향한 하나님의 구원과 정의의 말씀이다.

"예언"이라는 말은 요한묵시록에서 중요한 단어인데, 세대주의 종말론에서도 매우 중요한 단어이기도 하다. 실제로 예언이라는 단어는 그들이 가장 좋아하는 단어 중에 하나이다. "성서의 28%는 예언이다"라고 팀 라헤(Tim LaHaye)는 그의 독자들에게 말하기도 하였다. 그러나 예언의 진정한 의미는 무엇일까? 우리는 이 단어에 대한 우리의 선입견을 버려야 한다. 예언이 묵시록과 연관되어 이해되는 개념을 버려야 한다는 것이다.

예언은 미래의 어떤 사건을 예보하는 그런 것이 아니다. 다시 말하면, 성서는 점을 치는 것과 같은 행위의 책이 아니다. 몇 년 전 한 시사만화 『바이블 코드』(The Bible Code)에서 성서를 읽고 있는 한 남자가 자신의 부인에게 다음과 같이 이야기한다: "여보, 내일 아침 우리가 무얼 먹을지 성서를 통해서 추측해 보시오!" 혹자들은 성서가 미래의 어떤 사건에 대하여 점을 치듯이 예언하는 것으로 생각하는 경우가 종종 있다. 그리고 어떤 이는 중동의 패망과 유럽시장의 연합이 성서에 예언된 것이라고 믿는다.

지난 50년 동안 예언산업은 기독교 예언운동과 연관하여 번창하였는데, 이는 1948년 이스라엘의 웨스트 뱅크(West Bank) 점령과 1967년 동예루살렘의 성지 침공이 한 몫을 한 셈이다. 헬 린지(Hal Lindsey)와 소설 『남겨진 자』의 저자들은 요한묵시록의 예언을 마치 2천 년 전 중동과 유럽에 이러한 일들이 발생할 것이라고 예언된 것처럼 읽고 있다.

그러나 성서의 예언을 이런 식으로 해석하고 읽는 것은 유대교적이거나 기독교적이지도 않다. 요한묵시록의 예언을 구약성서의 예언서들인 예레미야서나 이사야서와 같은 맥락에서 읽어야 한다. 예언자의 임무는 하나님의 말씀을 대언 하는 것이다. 즉 이 세상을 향한 하나님의 구원과 정의의 말씀을 선포하는 것이 예언이다. 예언은 불의나 탐욕을 비난하며 가난한 과부와 고아를 돌보아야 함을 강조하는 정의의 메시지다.

예언의 말씀이 위협이나 파괴를 이야기 할 때, 그것은 언제든지 불의한 행위에 대한 심판이지 미래의 사건을 하나하나 상세히 설명하는 것은 아니다. 예언 메시지의 목적은 사람들로 하여금 정의의 목소리에 귀를 기울이며, 하나님께로 돌아오기를 외치는 것이다. 미래는 그 어떤 의미로도 정해져 있는 않다 [전쟁과 불의를 일삼으면, 그에 따른 미래가 있을 것이고, 사랑과 평화를 행하면 그에 따른 미래가 올 것이다]. 사람들이 불의에서 정의로 돌아선다면, 그 때 바로 희망이 있다는 것이 예언의 메시지이다.

유대인 신학자 예헤즈켈 랜다우(Yehezkel Landau)는 1983년 레이건(Reagan)의 아마겟돈을 사칭한 전쟁에 대하여 이렇게 비판하였다: "성서적인 예언은 미래의 피할 수 없는 정해진 사건을 말하는 것이 아니다. 오히려 예언은 하나님의 약속과 관련된 적절한 경고의 메시지이다." 성서에서 제시하는 예언은 언제나 "조건부"이다. 랜다우는 "하나님의 말씀은 인간의 행위와 관련되어 있다"고 하였다.[4]

이러한 예언의 한 전형적인 예로서 요나서를 들 수 있다. 요나가 하나님의 말씀에 순종하여 니느웨로 갔을 때, 그는 하나님의 말씀을 이렇게 선포하였다: "요나가 그 성으로 가서 하룻길을 걸으며 큰 소리로 외쳤다. 사십일 만 지나면 니느웨가 무너진다"(요나서 3:45). 요나의 예언이 미래를 예보하는 것처럼 들린다. 특히 사십 일은 특별한 시간을 이야기하기에 더더욱 그렇게 들린다. 니느웨 사람들은 요나의 예언을 들었고, 그들은 하나님께 회개하였으며, 그들의 재앙은 사십 일이 지나도 일어나지 않았다. 하나님은 그들의 회개하는 마음을 보셨고, 니느웨 성을 사십 일이 지난 이후에도 파괴하지 않으셨던 것이다.

이것이 요나가 거짓 예언자이었다는 것을 말하는 것인가? 세대주의 종말론의 논리에 의하면 요나는 필경 거짓 예언자였거나 또는 그의 말이 예언이 아니었던 게 분명하다. 요나 자신도 하나님께서 사십 일 이후에 니느웨를 파괴하겠다는 말씀을 지키지 않은 것에 분노하였던 것도 사실이다. 하지만 성서의 예언은 미래에 일어날 세상의 사건에 대한 시간표를 정해 놓은 것이 아니다. 하나님의 그 어떤 문서도 미래의 예보대로 따르지 않는다. 다만 하나님은 인간의 행위를 보고 계시는 것이다.

요나의 예언이 니느웨를 향한 경고의 메시지이었던 것처럼 요한묵시록도 경고와 파괴의 내용을 담고 있다. 요한묵시록이 파괴적 예언의 메시지를 담고 있는 반면 이 책의 원래적인 목적은 사람들에게 경고를 하는 것이었다. 묵시록은 결코 세계종말의 지도를 그리지 않는다. 그러므로 이 책에서 다루어진 폭력적 위협적 내용들은 인간들로 하여금 회개를 이끌기 위함이 그 목적이다. 하나님의 목적은 세상을 심판하기 위한 것이 아님을 분명히 알아야 한다.

디킨즈의 『크리스마스 캐롤』에서 본 것처럼 요한묵시록의 봉인, 나팔, 대접, 그리고 여러 다른 위협적인 재앙들은 인간들로 하여금 깨우쳐 돌아오기를 희망하는 예언인 것이다. 요한묵시록의 이러한 재앙들은 하나님의 정의를 밝히는 내용이고 이 세상을 향한 하나님의 뜻을 밝히고자 하는데 그 목적이 있다. 그러므로 요한묵시록의 비전 여정은 미래에 반드시 일어나야 할 어떤 사건들이 아니다. 이것들은 우리 인간들이 하나님의 비폭력의 영인 어린양을 따라 살지 않고 다른 어떤 제국이나 세상의 악의 세력들을 따라 살 때 일어날지도 모를 가능성을 보여주는 것뿐이다.

예를 들면, 요한묵시록의 나팔재앙은 구약성서 에스겔서 33장의 내용을 가져온 것으로서 에스겔의 예언의 역할은 사람들로 하여금 나팔을 불어서 경각심을 알리는 파수꾼의 역할을 의미한다. 그러므로 악한 자는 그 악으로부터 회개하여 돌아오라는 메시지인 것이다. 만일 요한묵시록의 나팔 재앙이 에스겔서로 부터 가져온 것이라면 그 의미는 분명 사람들에게 경감심을 불러 주기 위한 것으로 이해 될 수 있다. 하버드대 신학대학원의 교수인 엘리자베스 슈셀러 피오렌자(Elisabeth Shcüussler Firenza)는 요한묵시록에서 등장하는 비전들을 "권장의 말씀"이라고 주장하였다.5

묵시록은 구약성서에 등장하는 1000개가 넘는 인용구를 이용하면서 구약성서와 밀접한 관련을 가지고 있다. 다니엘서에 등장하는 짐승이나 이사야, 예레미야, 그리고 에스겔에 등장하는 광범위한 이미지들을 도용한다. 세대주의 종말론은 요한묵시록이 다니엘서에 등장하는 제 7번째에 대한 구체적 연대기를 제공해주는 책이라고 주장한다. 그러나 이들의 주장은 설득력이 없다. 요한묵시록은 미래에 대한 상세한 설명을 해 주는 책도 아니고 지구의 운명을 결정하는 마지막 7년의 사건을 뒷받침하지도 않는다.

하나님은 결코 이와 같이 미리 정해진 문서에 갇히는 그런 분이 아니다. 이것은 아마도 예언서를 해석하는 세대주의 종말론의 가장 위험한 실수가 아닐 수 없다. 이들의 역사관은 머리를 오싹하게 하는 윤리와 신학이다. 소설 『남겨진 자』에 등장하는 주인공인 레이포드 스틸레

(Rayford Steele)는 악한 적 그리스도를 무찌를 여러 차례의 기회가 주어진다. 그러나 그는 성서가 말하는 7년 대 환난의 실현을 위해서 적 그리스도를 무찌르지 않고 기다린다. "성서는 적 그리스도의 세력이 지금부터 1년을 조금 지나야 소멸된다고 기록하고 있다."[6] 그리고 또 이렇게 말한다: "성서는 적 그리스도가 3년 반 동안 부활하여 사탄이 거주하게 된다."[7]

성서가 과연 수백만의 사람들이 적 그리스도의 핍박 아래서 살육을 당한다고 기록하고 있을까? 만일 그렇다면 과연 하나님은 자신의 마음을 되돌릴 수는 없는 것인가?

세대주의 종말론자들은 자기 도치에 빠져서 결정된 예언을 신봉하고 있다. 그들에게서 성서의 예언은 "미리 정해진 역사"라고 해도 과언이 아니다. "하나님은 미래를 미리 말씀하고 계신다"라고 라헤는 그의 책『예언의 자비로운 하나님』(The merciful god of Prophecy)에서 말하고 있다. 지금 중동에서 벌어지는 사건들은 예수의 재림을 위해서 "반드시" 일어나야 할 일들이며, 이스라엘과 팔레스타인에 대한 미국의 세대주의 종말론적 정책은 이를 대변해 주고 있다. 그러나 다시 말하지만, 이러한 관점은 성서적인 예언의 관점이 아니다. 이들의 관점은 오히려 하나님의 자비와 은혜를 훼방하는 행위와 같은 것이다. 이 관점은 하나님을 박스 안에 가둬 넣는 것과 진배없다. 더 나아가서 이들의 관점은 세계를 파멸이라는 종국으로 몰고 가는 행위와 그런 사람들을 지지하는 것과 다름이 없다.

요한묵시록은 참과 거짓 예언을 구분하는 잣대를 제공해 주는데, 그 잣대는 미래에 대한 그 어떤 것도 이야기하지 않는다는 것을 분명히 해둘 필요가 있다. 요한묵시록은 한 여성을 비판하는데 이 여인은 일곱 교회 중 한 교회에 소속된 여인으로서 “거짓 예언을 하는” 거짓예언자였다. 이 여인은 요한에게서 “이세벨”이라는 별칭을 받게 되는데 이는 이 여인이 하나님의 진실한 말씀을 선포하지 않았기 때문이다. 이는 그 여인이 미래에 일어날 일들을 잘못 선포하였던지 그렇지 않았던지 하는 문제가 아니었다. 요한묵시록은 이러한 예언에는 관심이 없다. 그녀는 로마문화에 순응하는 메시지를 선포한 거짓예언자이다: “그는 [그녀는] 스스로 예언자로 자처하면서 내 종들을 가르치고, 그들을 현혹시켜서 간음하게 하고, 우상의 제물을 먹게 하는 자다”(요한묵시록 2:20). 이와 반대로 요한은 참된 예언자로서 하나님의 구원과 진리의 말씀을 선포하는 자다.

오늘날 미래는 모든 사람들의 관심의 대상이다. 우리 나약한 인간은 미래에 대한 호기심으로 그 나약함을 극복하려고 한다. 세대주의 종말론은 이러한 사람들의 마음을 간파하고 미래의 일들을 속속들이 밝혀 줌으로써 사람들을 현혹한다. 인터넷 예언자 클럽과 소설 『남겨진 자』의 홈페이지에서 다음과 같은 감질나는 제목을 보여줌으로서 사람들의 애간장을 녹인다: “지금 당신도 믿을 수 없는 사건들을 예견할 수 있다.” 이들의 이러한 의도들은 사람들로 하여금 이스라엘, 이라크, 그리고 유럽에서 일어날 다음 사건이 어떤 식으로 예언을 성취하는지 궁금하게 만든다.[8]

그러나 성서는 하나님의 의지가 미래에 일어날 사건을 상세히 기술하는데 있지 않다고 기술한다. 예수의 제자들이 예수에게 재림의 시기를 물었을 때, 예수는 “때나 시기는 아버지의 권한으로 정한 것이니, 너희가 알 바가 아니다”(사도행전 1:7; 마태복음 24:36)라고 말하였다.

성서의 예언은 미래에 어떤 일이 일어날 지에 대한 구체적인 진술을 하는데 그 목적을 두지 않고 오히려 누가 미래의 사건을 주도하는가에 그 초점이 있다. 우리는 미래에 대해서 가장 중요한 사실, 즉 하나님이 미래를 주도한다는 것을 잘 알 수 있다. 우리는 하나님께서 자신의 미래의 약속을 신실히 지키시는 분임을 잘 알고 있다. 그러나 이러한 하나님의 약속은 문서 속에 갇힌 반드시 일어나는 사건이 아니다. 우리는 성서의 예언을 사건이 구체적으로 전개되는 실황을 보듯이 이해해서는 안 된다.

"문자주의"를 넘어서서: 심오한 요한묵시록의 여정으로

그럼 요한묵시록을 어떻게 읽어야 할까? 이 책은 오늘날 우리들을 향해 무엇을 이야기하고 있는가? 린지, 라헤, 그리고 여러 많은 세대주의 종말론 자들은 요한묵시록을 지리적-정치적인 사건들과 관련된 "문자적"(Literally)인 방식으로 읽어야 한다고 주장한다. 그러나 요한묵시록의 문자적인 이해는 불가능하다는 것을 이들 또한 잘 알고 있다. 묵시문학에서 등장하는 동물들, 천사, 그리고 많은 창조물들이 실제 TV (Reality TV)에서 방송하듯이 "이 사건이 발생하면 자동적으로 다음 사건이 발생하는" 식으로 등장하지는 않는다.

라헤는 자신의 책 『예언의 자비로운 하나님: 종말에 대한 하나님의 사랑스러운 계획』(The Merciful God of Prophecy: His Loving Plan for You in the End Times)에서 묵시문학과 요한묵시록을 문자적으로 이해하는 세대주의 종말론의 비평기준을 다음과 같이 설정하였다: "성서의 저자가 의도적으로 상징이나 은유를 사용했을 때, 우리는 이러한 이미지들에서 저자의 의도를 파악해야 한다. 그러나 성서의 저자가 상징적인 표현을 피하고 명백한 진술을 하였을 때 우리가 은유적으로 읽어야 할 이유가 있는가?" 라헤(LaHaye)의 관점은 요한묵시록의 대부분은 명백한 사실과 진술이기에 문자적으로 읽어야 한다는 것이다.

그러나 소설 『마지막 위대한 행성 지구』(The Late Great Planet Earth)와 소설 『남겨진 자』(Left Behind)는 얼마나 근거 없는 문자주의적 기준이 요한묵시록에 적용되었는지 잘 보여 준다. 팔레트 위에 놓인 요한묵시록의 비전들을 바라 볼 때 결정적인 질문들은 아마도 "뚜렷한 언어"나 문자적인 내용이 무엇을 말하고 있는지, 혹은 무엇이 은유적인지, 누가 과연 그러한 이미지 해석함에 결정권을 가지고 있는지가 될 것이다.

라헤나 린지는 요한묵시록 6장의 등장하는 네 마리의 말을 상징적으로 해석한다. 그러나 그들은 백마에 대한 해석을 문자적으로 이해해야 한다고 주장한다. 즉 요한묵시록 19장에서 예수의 재림 시 한 전쟁을 하기 위해서 백마를 타고 온다고 이해한다: "예수는 하늘에서 백마를 타고 올 것이다. 이것이 문헌이 이야기하는 사실이다."[9] 하지만 이러한 해석은 그 어떤 명백한 근거도 없다. 요한묵시록에 등장하는 "짐승들" 또한 문자적으로 해석해서는 안 된다. 위에서도 언급한 것처럼 세대주의 종말론은 이러한 짐승들에 대한 상징적인 의미를 적 그리스도와 그의 적들에 대한 것으로 비교하여 오늘날 군사 기술이나 핵무기에 비교하는 문자적 해석을 시도한다. 라헤는 세계의 모든 바다와 강은 피로 물들고 그리고 큰 지진이 이스라엘을 제외한 모든 나라들을 쓸어버릴 것이라고 한다. 그는 어떤 특정한 지질적인 위치를 지적하면서 "한 큰 지진이 다가 올 것이다. 그 지진은 결코 상징적인 의미가 아니다"라고 말한다. 라헤(LaHaye)는 "진보적"인 신학자나 성서를 문자적으로 읽기를 거부하는 성서학자를 이렇게 비난한다: "나는 '보라, 이전에 큰 지진이 있었다'라는 식으로 시작하는 우리가 이해하기 힘든 성서의 구절에서 문자적으로 이해하는 방식에 무슨 문제가 있는가?"[10]

만일 세대주의 종말론이 지진과 같은 내용을 문자적 이해한다면, 묵시록 12장에 나오는 태양으로 옷을 입을 여인은 무턱대고 상징으로 이해해야 할 것이다.[11] 여인의 출현이 "기적"으로서 묘사되기 때문에 린지나 라헤는 이 이야기를 21세기 고도의 군사기술에 관련하여 다시 이야기 해야 한다. 박해세력(the Tribulation Force)의 한 랍비는 라헤의 요한묵시록 12장의 상징적인 해석을 이렇게 설명한다: "여자는 하나님의 선택된 사람을 대표하고 두 날개는 땅과 대기를 상징하며 그리고 그의 장소는 피추라(Petra) [이 도시는 고대 에돔사람의 도시로서 오늘날에는 요르단의 남동쪽에 위치한다. 이 도시는 로마가 106년 경 점령하기 전까지 무역도시로서 번창하였다], 즉 바위도시를 지시한다." 이러한 해석에 기초한다면 박해세력(the Tribulation Force)은 세틀 비행기로 중생된 유대인들을 피추라 지역에서 실어 나른다는 의미로 해석이 된다. 마치 인디아나 존스에서 나오는 피추라의 좁은 협곡의 전투처럼 스릴 넘치는 총격전에서 교묘히 빠져 나오는 장면을 연상하게 한다. 그러나 묵시록의 저자가 실제로 독수리의 두 날개를 기록할 때 군사 헬리콥터나 군대용 비행기를 생각하였을까? 과연 그 누가 이러한 문자주의적인 해석을 허용하는가? 비현실적인 상징적 해석은 무장된 헬리콥터를 등장시킨다. 이러한 문자적 해석은 세대주의 종말론 자들은 요한묵시록을 바라보는 하나의 틀로서 그들은 문자적 해석을 거부하는 진보적 설교자들을 비난한다.

엄격히 말하자면 요한묵시록의 문자적 해석은 가능하지도 않고 또한 그런 해석을 소망해서도 안 된다. 결국, 요한묵시록의 결정적인 메시지는 "어린 양"이다. 학자들은 이 희생양이 예수를 가리킨다고 주장하지만, 그 누구도 문자적으로 예수가 한 마리의 양이었다고 주장하지는 않는다.

요한묵시록이 예수의 이미지를 “어린 양”으로 묘사할 때, 이것은 하나의 상징이며 은유적 표현이다. 요한에게서 예수를 “어린 양”으로 표현하는 훌륭한 이유가 있다. “어린 양”의 이미지는 자신이 밟힘으로써 남을 밝혀 주는 희생과 상처받기 쉬운 연약함을 말하고 있다. 예수의 이러한 이미지는 출애굽 당시 어린양의 피를 바른 이스라엘 사람의 집을 넘어간 유월절과 같은 의미를 지니고 있다. 또한 이러한 예수의 이미지는 기독교인들 마음속 깊숙이 자리 매김한 기독론이다. 사실 이러한 예수의 이미지는 오늘날 요한묵시록을 읽는 하나의 중요한 열쇠이다. 하지만 이 이미지 또한 문자적으로 이해해서는 안 된다. 예수는 인간이었지 동물이 아니었다. 한 가지 인식 할 중요한 사실은 요한묵시록의 이미지들은 문자적인 내용 그 이상의 비전을 가지고 있다는 것이다.

요한묵시록의 비전을 문자적으로 이해하는 것을 넘어서서 우리는 이 책이 담지하는 비전의 세계를 보아야 한다. 묵시록이라는 말의 뜻은 헬라어로 “보인다” 또는 “알린다”라는 의미이다. 요한묵시록의 첫 번째 줄이나 12장, 그리고 요한복음서에 나오는 “표적”이라는 말도 이러한 맥락에서 이해된다. 결국은 요한묵시록 전체에서 보여지는 비전과 상징들은 문자적인 의미를 내포하고 있지 않다는 것이다. 우리는 요한과 함께 이 비전 세계로의 여정으로 초청 받은 것이다. 이 초청에 응하려면 문자적인 접근방식을 버려야 한다. 그리고 하나님이 어떤 의미에서 이런 말씀을 하시는지 조심스럽게 물어야 한다. 케틀린 노리스(Kathleen Norris)가 그녀의 요한묵시록 주석에서 지적했듯이, “요한묵시록은 하나의 상상력이 풍부한 시인의 책이다. 이는 아마도 근본주의자들의 주장을 재고하게 해 주는 가장 설득력 있는 책일 것이다. 이 책은 말하지 않고 보여준다. 이 책의 이미지들은 언어의 한계를 넘어서서 존재하는 그 무엇을 바라보게 한다."12

묵시록은 하나님을 찬양하는 하늘의 성가단과 고난의 한 가운데서 사람들을 격려하는 노래들로 가득 차 있다. 만일 어떤 상황이 절망과 좌절로 치달을 때 하늘의 증인들은 노래로서 그 상황을 반전시킨다. 동물들조차도 이러한 찬양에 함께 동참한다. 하늘과 땅 그리고 바다의 모든 창조물들의 불협화음에 관한 노래를 담고 있다. 그 어떤 책도 기독교 찬송가와 음악을 이처럼 다루지는 않았다. 묵시록의 찬송은 헨델(Handel)의 "할렐루야 성가"와 "성자들이 행진할 때"에서 그리고 미국 흑인 영성 곡인 "공화국의 전투의 찬송가"로 다시 불려졌다. 심지어 레게음악의 "다 함께 아마겟돈 전쟁을" 그리고 밥 마리(Bob Marley)의 "하나의 사랑"에서도 다시 불려지고 있다. 요한묵시록의 노래들은 문자적으로 불려지어서는 안 된다. 오히려 상징적인 이해와 해석은 이 책에 담긴 노래들을 실로 더 가치 있고 힘있게 만든다. 이 책의 노래들은 우리들로 하여금 희망을 가지고 현실의 불의에 저항할 힘과 용기를 가져다준다.

요한묵시록의 이미지를 매직아이 [TV 진공관의 주파수]를 보듯이 상상해 보자! 장면들은 단지 아주 작은 평평한 줄을 만들뿐이다. 그러나 만일 우리가 눈을 흐리게 하고 그 장면들을 바라본다면 3차원의 그림들을 볼 수 있을 것이다. 내가 가장 좋아하는 매직아이는 시카고 쉐드 수족관의 "단 한 번에 모든 것을 보기를 기대하지 마시오!"라는 캡션이다. 처음에는 그냥 평평한 아무것도 없는 푸른 선들이 나열되어 있다가 우리의 눈을 흐리게 하면 갑자기 실제 그림들을 보기 시작한다: 두 마리의 돌고래가 점프를 하고 한 마리의 고래가 다이빙을 한다. 수상 세계가 현실세계로 다가오게 된다.

묵시록의 비전의 세계도 이러한 매직아이와 같은 세계를 그린다. 이 비전은 "아하"하는 탄성을 지르게 하는 비전이며 하나님은 우리를 이러한 평평한 평면의 세계로 인도하시는데 문자적인 해석처럼 하나하나 구체적인 상황을 그리는 게 아니라 큰 그림을 상상하게 끔 하신다. 요한묵시록의 이미지를 상상하는 것처럼, 이 세상을 향한 하나님의 숨겨진 계획을 하나씩 열어보게 된다. 우리가 맛보는 물은 실제의 물이 아니라 생명의 물 생명의 강이다. 우리는 이 생명의 물을 마시게 끔 우리를 인도하시는 하나님의 어린양을 따르는 사람들이다. 우리는 억압받는 자들을 향한 하나님의 탄식을 듣는다. 가장 아름다운 그림은 하나님께서 이 세상의 눈물을 씻어주기 위해 이 세상으로 오신다는 것이다.

현실을 삶을 보기 위해 성서를 보기

오늘날 소설『남겨진 자』와 세대주의 종말론은 이 세상을 향한 정열적이고 긴급한 하나님의 어린양의 그림을 보면서 "아하"하는 감탄이 없다고 확신한다. 사실 우리는 우리의 삶 깊숙이 자리한 하나님의 그림을 나누는 일에 무심해 왔다.

애미 존슨 프래익홈(Amy Johnson Frykholm)은 자신의 책『휴거문화: 복음적인 미국인 안에 있는 소설 남겨진 자』(The Rapture Culture: Left Behind in Evangelical America)에서 소설『남겨진 자』의 한 독자를 인터뷰한 것을 소개한다. 이 인터뷰에서 그녀는 그 독자가 소설『남겨진 자』와 같은 소설들은 생명의 성서를 전하고 있다고 믿는다는 것을 밝힌다. 프래익홈(Frykholm)에 따르면 독자들은『남겨진 자』와 같은 소설들은 자신들을 우주적인 이야기에 동화시켜서 이해하기 힘든 상징적인 이미지들을 이해하기 쉬운 논리적인 구도로 다시 설명하는 작품이라고 생각하고 있다는 것이다. 실로 프래익홈이 인터뷰한 사람들은 성서의 세계와 자신들의 삶 사이의 연결점을 찾으려고 애를 쓰는 사람들이다. 세대주의 종말론의 글들은 바로 이러한 사람들의 갈증을 해소시키는데 적중한 것이다.

그러나 세대주의 종말론이 그리는 우주관은 위험하며 성서에 기초한 것도 아니라는 것이 문제이다. 이들이 성서의 우주적인 계획을 현실의 세계와 연결점을 찾은 것은 고작 하여 전쟁, 지진, 질병, 그리고 여러 모양의 폭력적인 대 재앙이다. 레이포드(Rayford)는 핏자국이 있는 눈과 타는 우박을 보고서 "피비린내 나는 것"이라고 표현을 하였다. 그는 거의 삐뚤어진 환희와 기쁨으로 이러한 피비린내 나는 대 재앙이 "하나님의 신실함"을 증명하는 것이라고 말한다.13

레이포드는 적 그리스도가 샌프란시스코와 시카고를 파괴한 이후 자신의 비행기안을 쭉 훑어가면서 걷는데 대 재앙과 파괴는 바로 이런 식으로 진행되는 것으로 생각하고 있다. 그가 폭력에 혐오감을 느낌에도 불구하고 이러한 피 비린내나는 폭력은 성서의 기록이 성취되는 것으로 여긴다:

> TV에서 그는 세계에서부터 전해오는 라이브 소식을 접했다. 이 소식은 "성서가 현실에 실현되다. 묵시록에 등장하는 붉은 말이 출현했다"의 제목을 달았다. 그리고 휴거가 발생한 이후 이 땅에서 4분의 1의 인구가 남을 때까지 가뭄과 대 재앙이 닥쳐올 것이다(LaHaye and Jenkins, Niclae, 108; 이탤릭 부분은 저자 [로씽, Rossing]이 특별히 강조한 부분이다).

레이포드가 성서를 해석하는 방향인 샌프란시스코의 파괴는 그의 책을 읽는 독자들에게 스릴을 느끼게 하기에 충분하였다. 그러나 그는 끔찍한 하나님의 모습을 그린 것이다. 기독교인들은 전쟁이나 폭력과 같은 개념을 부정해야 한다.

성서의 메시지는 치유하고 희망을 주는 메시지이다. 나는 바로 이러한 치유하시는 하나님을 경험하였다. 확실컨대, 이 글을 읽는 당신들도 이러한 하나님을 경험하였을 것으로 믿는다. 하나님은 묵시문학의 붉은 말을 타고 심판하러 오시는 분이 아니라 우리가 기대하지 못하는 "아하"하는 순간을 즉 예수께서 말씀하신 "풍성한 삶"을 보여주시는 분이시다. 특별히 요한묵시록의 메시지는 폭력과 대 재앙을 미리 예언하는 문서가 아니다. 오히려 우리의 상처받은 세상을 치유하기 위해서 우리의 삶 한가운데서 끊임없이 흘러나오는 생명의 강이다. 하나님은 사랑이시지 문서로 존재하지 않으신다. 그분의 사랑은 날마다 우리를 치유하시는 기적의 사랑이시며 우리는 그러한 은혜를 성서에서 발견한다.

남아프리카 공화국의 목사인 알렌 보섹(Allan Boesak)은 요한묵시록의 말씀을 어린양이 1980년대 흑인들의 자유와 해방을 가져오기 위하여 반복해서 부르는 노래로 해석한다. 요한묵시록 5장의 어린양의 노래를 바로 역사에서 다가오는 흑인해방을 위한 전주곡으로 이해한 것이다:

> 24인 장로의 노래는 같은 나이의 이스라엘의 노래다. 그리고 그 노래는 같은 힘과 확신을 가지고 울려 퍼지고 있다... 그리고 이 노래는 억압받는 사람들이 흥취와 말로 표현할 수 없는 기쁨으로 부르는 노래이다. "희생 제물이 되시고, 이후 힘과 권능과 지혜와 영예와 축복을 받으신 귀하신 분이시다."
>
> 어느 일요일 오후 한 젊은 흑인 기독교인이 이 노래를 부른다. 그리고 이 노래는 그 교회의 한 학생이 경찰에 연행되어 간 직후에 불려지고 있는 것이다... 경찰은 도무지 이해가 되지 않아 어리둥절한 상태로 자신들의 친구를 놓아준다. 이어 다른 사람들도 이 노래에 맞추어 춤추면서 교회로 돌아온다. 이것이야말로 새로운 노래다. 자유의 노래다. 이 노래는 수만 명의 남아프리카 공화국의 사람들을 감동시킨 노래다.
>
> 비록 성서에 기록된 재앙의 봉인이 아직 개방되지 않았다 하더라도

우리가 걱정하지 않는 것은 그 봉인이 로마황제에게 있지 않고 어린양의 손안에 있다는데 있다. 우리는 이 새 노래를 "하늘과 땅의 모든 창조물들이 동참하는 그 날까지" 쉬지 않고 부를 것이다(5:13). "보좌에 앉으신 어린양에게 영광과 축복이 세세토록 있을 것이다!"(Allan Boesak, *Comfort and Protest: The Apocalypse From a South African Perspective* [Philadelphia, Penn.: Westminster, 1987], 60-62).

마치 남 아프리카의 흑인들이 속박에서 풀려나는 것을 노래하듯이 성서는 오늘날 우리들의 삶 깊숙이 자리하고 있다. 그래서 절망의 한 가운데서 희망의 노래를 부르게 하는 게 성서의 메시지다. 성서는 "아하"하는 깨달음과 은혜를 준다. 용서의 공동체를 만들어 내고 다른 사람을 통해서 하나님을 보게 하는 것이 성서다.

하나님께서 성서를 통해 말씀하실 때, 그것은 항상 버림받은 사람을 치유하는 말씀이다. "봉사가 눈을 뜨고... 억압받는 사람을 자유 하게 하는" 그런 기쁨과 희망의 메시지가 성서다. 이것이야말로 하나님의 말씀이 오늘날 우리들에게 어떻게 이해되는지에 대한 기준이 된다. 그러므로 문자적인 해석으로 성서의 메시지를 폭력과 전쟁의 언어로 곡해해서는 안 된다.

소설 『남겨진 자』에 등장하는 레이포드가 요한묵시록의 비전을 비 문자적으로 보는 장면도 소개하고 있다. 그가 아내 아이렌(Irne)의 성서 중 요한묵시록 22장을 읽는 장면이다: "목마른 자는 오너라; 생명의 물을 마시기를 원하는 사람도 와서 값없이 마셔라!" 레이포드는 바로 이 생명의 물에 대한 문장에 의해 깊은 감명을 받는다: 그 자신이 목마른 사람이었기에 그 구절에 감명을 받았지만 그러나 무엇이 생명의 물인가?

이 질문이야말로 1세기 소아시아에 지역에 살았던 기독교인들과 오늘날을 살아가는 우리 모두에게 해당하는 것이다: 무엇이 오늘날 이 세계를 위한 생명의 물인가? 요한묵시록은 "목마른 자, 영혼이 갈급한 자" 모두를 위한 책이다. 이 말씀은 레이포드에게 문자적으로 단순히 물을 의미하는 것이 아닌 것처럼 우리들에게도 단순히 마시는 물을 제공하는 책이 아니다. 그것은 우리 영혼의 깊은 갈증을 해소하는 깊이 있는 생명의 책이다.

5

여정이 시작되다: 승리에 대한 로마의 숭배

소설 『남겨진 자』(Left Behind)를 쓴 레이포드는 요한묵시록 22장의 몇몇 구절들을 회고해야 한다. 그는 성서의 그 어떤 곳에서도 발견할 수 없는 가장 아름다운 장면을 보게 될 것이다: 하나님과 어린양의 보좌로부터 흘러내리는, 그리고 크리스털처럼 광채가 나는 생명을 수여하는 강이 바로 그것이다. 당신과 나도 역시 그 강을 발견할 수 있다.

이 강은 성서 전체에 흐르는 강이다. 창세기의 에덴동산 동쪽으로부터 흘러 내려서 구약성서와 신약성서 전체에 흐르는 강으로 이 강은 지금 요한묵시록의 새 예루살렘 비전에서 그 절정에 이른다. 성서는 하나님의 신비로운 강이 세상을 치유하고 생명을 부여하는 의미로 꽉 차 있다. 영혼이 갈급한 사람들도 하나님의 생명의 강에서 그들의 삶을 다시 발견한다. 이 강물의 근원은 하나님과 어린양의 보좌다.

이 강물의 근원을 추적해 나가고 그리고 요한묵시록의 중심 된 의미로 깊숙이 들어가기 위해서 우리는 이 책이 기록된 고대의 시대로 돌아가야 할 것이다. 이 책을 읽는다는 것은 다락방의 은닉처를 탐방하는 것과 마찬가지다. 당신은 아마 오랜 전에 이 책을 기록한 사람들에 대해서 알고 싶을 것이다. 왜 이 책의 저자는 이토록 정열적일까? 과연 무엇이 그렇게 급박했을까? 당신은 이 책을 읽을 때 마치 2000년 전 밧모섬 섬(Patmos)

에서 요한으로부터 받는 편지로 여기면 될 것이다. 이 편지는 오늘날 우리들에게 정말 흥미로운 이야기를 들려준다.

자! 나와 함께 고대 로마시대의(96 C.E.) 한 주였던 아시아 지역으로 여정을 떠나자. 이 여정은 오늘날에 터키지역의 거리와 골목골목으로 인도한다. 이 여정은 눈으로 직접 보는 이미지이며 고고학이다. 이 여정은 로마제국에서 가장 큰 도시중의 한 곳으로 인도한다. 바로 그곳이 이 책이 기록된 장소다: 에베소, 페르가몬, 그리고 서머나.

우리가 이 도시들을 향해 항해를 하고 그곳을 두루 살필 때마다 눈에 띄는 것은 바로 성전기념비들과 흰 대리석으로 빛나는 건축물들이다. 이러한 기념비들은 로마의 신을 숭배하고 로마의 정치인들을 기념하는 것이다. 더욱 중요한 것은 이러한 기념비들은 전쟁에서 로마의 승전을 기념하는 것에 있다.

승리에 대한 로마의 비전: 승리의 여신 나이키

로마인들은 승전을 자축했다. 그러나 이에 그치지 않고 그들은 승전을 숭배하였다. 이것은 요한묵시록을 읽고 해석하는데 있어서 하나의 중요한 열쇠다. 왜냐하면 이 책은 로마인들의 승전숭배에 대한 강력한 비판을 하고 있기 때문이다. 로마 승리의 여신—라틴어로는 빅토리아, 그리스어로는 나이키—는 날개를 가지고 있다. 이 여신은 화려한 방패로 무장한 인간화된 신으로서 로마제국에 널리 퍼져 있는 전쟁 여신의 형상이었다. 군인들은 이 승리의 여신의 깃발과 전승기념비를 전투장에 들고 나갔다. 로마 원로의원들은 원로장에 입장할 때 이 승리의 여신 앞에 향을 피웠다.[1] 도시들은 로마의 세계정복을 자축하는 의미로서 이 승리의 여신 정립상을 세웠다. 동전들 또한 로마황제와 함께 나란히 서 있는 이 여신상의 이미지가 새겨졌다. 이는 모든 사람들로 하여금 로마의 승전을 반복하여 기억하게 하는 의미를 가진다.

한 예로 71년 유대인 혁명을 꺾어버린 로마의 승리를 자축하기 위해서 그들은 동전에 이 여신상의 형상을 주조하였다: "유대인을 굴복시킨 것에 대한 기념... 로마황제 베스파시안(Vespasian, 66-79), 제국을 위한 그의 희생을 기념하며."[2] 이 메시지는 분명하면서 강력하였다: 로마의 승리는 평화와 번영을 의미한다는 것이다. 아무도 로마의 이러한 지배에 감히 대응하려 하지 못하였다. 이러한 로마의 영향력은 아라비아 지역의 벽에 새겨진 벽화에도 그려져 있을 정도이다: "로마인들은 항상 이긴다."[3]

그러나 요한은—유대인 혁명이 반발한지 단 한 세대 만에—감히 이렇게 이야기한다: 로마는 항상 이기지 못한다. 요한은 어린양의 비전으로 로마제국의 지배와 승리에 도전장을 내민다. 그의 묵시여정에서 요한은 로마제국을 말을 타고 여러 얼굴을 가져 세상을 파괴하며 탐욕스런 유혹으로 세상을 파멸로 이끄는 악마적인 매춘부라고 표현한다. 요한은 로마제국의 경제와 노예무역을 한마디로 "간음, 매춘행위"라고 비난한다.[4]

실로 요한의 묵시록은 고대시대에 그 어느 누구도 비교될 수 없을 만큼 가장 강력한 것이었다.

로마제국의 승전은 요한의 시기에도 여전히 그 기세를 더 하였다. 처음의 승전 행렬의 퍼레이드에 그들은 전투 법령을 제정하였는데, 그것은 유대인 포로들의 손을 등뒤로 묶고 거리를 행진하게 하였다. 이것은 단지 승전을 기념하는 퍼레이드가 아니다. 이것의 의미는 그 어느 누구든지 막론하고 로마제국에 반기를 드는 사람이 있다면 반드시 박멸 당할 것이라는 것을 보여주는 상징적인 것이었다. 퍼레이드의 마지막 절정에는 유대인 포로중 수천의 사람들이 처형당하고 나머지는 노예로 팔려갔다.

유대인 혁명 이후 로마의 승전 행진은 티투스(Titus) 대리석 양각 아치에 새겨져 있다(81년). 이 아치를 자세히 살펴보면, 로마의 승전 신학을 잘 이해 할 수 있는데, 이는 요한묵시록이 반대하였던 바로 그 이데올로기이다. 아치의 다른 면 아래쪽으로는 로마의 예루살렘 정복을 자세히 관찰할 수 있는데, 예루살렘 성전에서 뺏어온 금가지 촛대(Golden Menorah)와 승전노획물들과 유대인들의 손이 뒤로 묶인 채 노예로 잡혀온 것이 새겨져 있다. 아치의 다른 면은 로마의 승전을 기념하는 제국신화를 새기고 있다: 황제 티투스는 로마의 여신에 의해 끌어지는 전차를 타고 있는데, 이 승리의 여신은 머리에 승리의 면류관을 쓰고 있다. 아치를 둘러싸고는 나이키(Nike) 또는 승리의 여신의 이미지가 장식되었다. 두 아치 사이의 부분인 스팬드럴은 승리의 여신의 발에는 황금의 보주를 신고 비행을 하는 모습을 그리고 있으며, 로마국기와 우승 기념품, 그리고 월계수와 승리의 상징인 종려나무 가지를 새기고 있다.[5]

당신이 이처럼 승리의 여신이 새겨진 아치가 있는 곳에 사는 한 기독교인이라고 상상해 보라! 요한은 결코 이 아치를 보기 위해서 로마를 여행한 적이 없다. 그러나 소 아시아(Asia Minor)지역에서 그와 그의 교회는 자신들이 사는 그곳에서도 이러한 제국주의적인 승리의 여신의 상징인 제단과 기념비들을 매일 보아 왔을 것이다. 로마의 승리의 신 나이키가 창공을 가로지르는 그림은 아마도 요한묵시록 14장에서 요한이 그리는 그림과 다르지 않을 것이다: "나는 또 다른 천사가 하늘 가운데를 날

아다니는 것을 보았습니다. '너희는 하나님을 두려워하고 그분께 영광을 돌려라! 하나님께서 심판하실 때가 이르렀다... 하늘과 땅과 바다와 물의 근원을 만드신 분께 경배하여라' 라고 외쳤습니다."

요한묵시록의 창공을 나는 천사의 이미지가 아마도 로마의 승전 신으로부터 구원받기 위한 그림이라고 말한다면 요한이 말한 내용을 너무 우회한 상상인가? "영원한 복음" 또는 메시지는 요한묵시록의 창공을 나는 사자가 로마에 대항한 메시지를 선포한다는 것이다. 이 그림이 전하는 메시지는 하나님만이 승전의 신이며 로마나 다른 제국들은 아무것도 아니라는 역설과 저항을 말하는 강력한 신앙적 메시지인 것이다. 요한묵시록에서 이 사자는 두 번째 창공의 날개를 펴 비행을 하면서 다음과 같이 외친다: "무너졌다. 무너졌다. 큰 도시 바벨론이 무너졌다!"

요한묵시록의 승전에 대한 반대하는 신학을 이해하기 위해서는 반드시 로마제국의 군사적 승리가 요한묵시록의 교회들에게 이미 잘 알려진 사실이라는 것을 전제해야 한다. 전쟁의 신 나이키는 사람들이 시장에서 물건을 살 때마다 재 상기되는 신이었다. 왜냐하면 동전에 그 신의 모습이 새겨져 있기 때문이다.[6] 줄리어스 카이사르(Julius Caesar)의 제국적 슬로건처럼, "나는 왔다! 나는 보았다! 그리고 나는 정복했다!," 로마의 정치적 무적불패의 모습을 그리고 있는 것이다. 로마의 군사 정복과 승전의 메시지를 완성하는 것을 실패하지 않기 위해서 로마는 그 승전의 그림들을 화폐에 주조하였던 것이다. 그 화폐에는 전쟁을 승전으로 마친 이후 로마가 정복한 지역들의 노예와 로마가 주로 합병한 지역을 새겨놓고 있다. 로마 승전의 비전에 대한 친밀함은 아마도 요한묵시록에 등장하는 도시들의 문화들이었을 것이다. 그리고 이는 오늘날 우리의 문화에서 나이키라는 이름이 그리고 있는 이미지는 바로 그 옛날의 의미와 사뭇 다르지 않을 것이다. 우리의 시대에 고대문헌과 고대의 이미지들, 예를 들면 나이키라는 이름이 지니는 상징은 지구를 지배하는 힘을 나타내고 있으며 이에 대한 그 어떤 도전도 허무한 짓이라는 것을 보여주는 것이다.

요한은 로마 승전의 신인 나이키와 같은 이미지에 대하여 대표적 저항 운동으로 예수의 운동과 신학을 역설하고 있다. 이 책은 우리의 삶과 이 세상에서 대립하는 두 가지의 힘을 소개한다: 폭력적 억압의 힘과 하나님의 어린양의 생명 부여와 치유의 힘.[7] 이러한 힘에 대한 이해야말로 요한묵시록을 읽고 해석하는 출발점이라고 할 수 있다. 로마의 승전을 기념하는 제국주의 힘을 과시하는 비전에 대하여—이러한 비전은 오늘날의 제국주의 모습에서도 발견할 수 있는 것이다—요한묵시록이 하나님의 희생적인 어린양, 예수의 비전을 밝히는 약자의 모습으로 비전을 제시하는 것은 참으로 놀라운 것이 아닐 수 없다.

6
어린양의 힘

예수는 요한묵시록에서 가장 중요한 등장인물이다. 이 책은 "예수 그리스도의 묵시"라는 제목으로 시작한다. 그러므로 요한묵시록의 가장 원초적인 목적은 예수의 이야기를 말하는 것이지 중동이나 유럽의 마지막 시대를 예언하는 것이 아니다.[1] 그럼 예수는 누구인가? 이 책에서 예수의 이미지는 우선 위엄 당당한 모습의 검을 가진 모습으로 그려지지만, 나중에는 결국 어린양의 나약한 모습을 가진 예수의 이미지로 대치된다. 신약성서 학자 데이빗 바(David Barr)가 지적하듯이, "단 한번 소개된 어린양은 이 책의 모든 부분을 지배하는 요소로서 어린양은 144,000의 거룩한 시온산 전사를 소집한다(요한묵시록 14:1); 악한 적과 싸우는 것도 어린양이다(요한묵시록 17:14); 어린양은 전쟁이 끝난 후에 결혼을 하며 세상을 다스린다(요한묵시록 19:7, 22:3)."[2]

어린양 비전은 놀라운 이미지이면서 동시에 적개심을 없애는 위대한 비전이다. 로마제국의 승리 이데올로기에 대한 요한묵시록의 어린양 이미지는 조화를 이루지 못하는 것이다. 군사적 힘에 의지하는 관점에 대한 어린양의 이미지는 비폭력의 힘을 제시하고 있다. 로마제국의 온 세상에 대한 잔인한 살육에 대하여 요한묵시록은 자기 자신을 살육의 희생제물로 바치는 어린양의 이야기를 소개한다. 요한묵시록의 어린양 이미지는 로마제국의 폭력을 무효화시키는 하나의 대안으로서 1세기 초대교인들에게는 상당한 충격적인 것이 아닐 수 없었을 것이다. 왜냐하면 로마의 군사적 승전 이데올로기가 온 세상을 지배하고 있었던 시기였기 때문이다. 이 책은 진정한 힘이 과연 어떤 것인지 소개한다: 우주의 가장 중심에 서 계시는 예수의 힘은 하나님의 희생양이라는 것이다.

우리는 이러한 예수의 이미지를 요한묵시록 5장에서 만날 수 있다. 여기서 2장과 3장의 일곱 교회를 향한 메시지 다음에 하늘의 비전이 소개하고 있다. 묵시적인 성향을 고려하면, 요한묵시록은 하늘 저 너머의 보좌에 앉아 계시는 하나님의 자리로 우리를 안내한다. 세상의 모든 창조물들은 하나님을 찬양한다. 찬양과 경배는 요한묵시록의 중심적인 요소로서 이는 이 책을 세상의 종말에 대한 것으로 해석하고자 하는 사람들에게 종종 간과되어 왔던 참으로 중대한 것들이다. 요한묵시록은 우리로 하여금 우리의 방식으로 우리의 노래를 부르도록 안내한다.

하늘의 보좌에 앉아 계시는 하나님은 두루마리를 손에 쥐고 있는데, 그것은 미래에 반드시 개봉될 일곱 인으로서 굳게 봉인되어 있다. 그럼 이렇게 봉인된 두루마리를 개봉할 권한은 누구에게 있을까? 요한묵시록 5장은 이렇게 설명한다: “울지 마십시오. 유다지파에서 난 사자 곧 다윗의 뿌리가 승리하였으니, 그가 이 일곱 봉인을 떼고 이 두루마리를 펼 수 있습니다”(요한묵시록 5:5). 이 권고의 말씀에서 두 개의 단어를 유심히 살펴보아야 한다: “사자”와 “승리”(헬라어로 나이키). 이 두 단어는 한 난폭한 동물이 날카로운 발톱을 치켜세우고 일곱 봉인을 떼기 위해 나타날 장면을 기대하게 한다. 이것은 마치 사자가 로마시대의 검투사(Galdiator)를 위협하는 장면과 같은 것이다. 사자는 묵시문학에서 자주 언급되는 동물이다. 난폭한 동물의 등장은 종종 묵시문학의 이야기를 긴장감과 박진감 넘치는 스릴로 인도하기도 한다. 예를 들면, 제2 에스드라서에 [Vulgate의 제1서, 제2서는 Ezra 및 Nehemiah로서 정경에 들었고, 제3서, 제4서는 에스라 제1서, 제2서로서 외경(Apocrypha)에 수록되어 있음] 보면, 메시야는 울부짖는 사자로서 묘사되어 있다. 이 사자는 로마의 독수리와 로마의 폭력에 저항하는 예언을 하는 사자로 묘사되고 있다.[3]

그러나 요한묵시록은 놀라운 사실을 끄집어낸다. 우리가 기대하는 사자의 이미지를 바로 어린양의 이미지로 전환시킨 것이다: "나는 또 보좌와 네 생물과 장로들 가운데 어린양이 하나 서 있는 것을 보았는데, 그 어린양은 죽임을 당한 것과 같았습니다. 그에게 뿔 일곱과 눈 일곱이 있었는데, 그 눈들은 온 땅에 보내심을 받은 하나님의 일곱 영이십니다" (요한묵시록 5:6). 이것은 완벽한 반전이다. 실제로 요한이 사용한 헬라어 "양"은 다니엘 엘렌드(Daniel Erlander) 목사가 지적했듯이, 단순히 어린양이 아니라 정말 작다는 것을 애칭하는 단어로서 "어린 양," "작은 양"(헬라어로 arnion)이라는 표현을 사용한다.[4] 이 단어는 신약성서에서 오직 예수가 자신의 제자들을 파송 할 때만 사용한 것이다: "늑대 가운데에 어린양을 보냄과 같다"(누가복음 10:3). 그 어떤 묵시문학도 신적인 존재에 대해 어린양이라고 표현하지 않는다. 요한묵시록은 이러한 이미지 표현에 있어서 유일한 책이다.[5] 예수에 대한 이러한 이미지는 가장 연약한 모습의 예수 이미지를 보여주는 것이면서 가장 강력한 표현이다: "예수는 십자가에 죽었지만 다시 살아 나셨다."

구약성서 이사야 53장의 내용을 기억에 떠올리면, 예수는 도살장으로 끌려가면서 침묵하는 어린양과 같은 이미지와 유사하지만, 요한묵시록의 어린양은 결국 승리로서 장식한다. 그 승리는 군사와 전쟁을 통한 승리가 아니라 자신을 죽이고 희생함으로써 승리를 장식하는 아이러니를 보여준다. 요한묵시록의 시작부터 끝까지는 바로 이러한 "십자가의 신학"을 웅변한다. 하나님의 능력과 힘은 약함에서 드러난다는 놀라운 아이러니의 신학인 것이다. 이러한 신학은 바울의 고린도전서 서신에서도 잘 드러나 있다. 어린양 신학은 요한묵시록의 전체 메시지를 대변한다. 악은 폭력과 군사적인 힘에 의해서 제거되는 것이 아니라, 바로 어린양의 사랑의 희생으로 정복된다는 놀라운 신학을 이야기하고 있다. 이 신학은 희생자가 승리자가 되는 또 하나의 아이러니를 보여준다.

어린양 신학은 진정한 승자 혹은 진정한 나이키가 누구인가를 역설한다. 우리에게도 역시 "승리자들" 또는 어린양의 추종자들이라는 제목이 수여된다. 이것이야말로 요한묵시록이 가지고 있는 엄청난 신학이 아닐 수 없다. 아마도 이 책의 많은 부분이 폭력적으로 보여질 수 있을 것이다. 그러나 우리는 이 책의 바로 이러한 폭력에 대한 대안적인 면을 유심히 파악해야 한다. 요한묵시록은 승리자와 정복의 개념을 새롭게 정의한다. 바로 어린양처럼 하나님의 사람들은 싸움이나 전쟁을 통해 얻어지는 승리자가 아니라 희생과 사랑으로서 얻어지는 "승리자"인 샘이다. 이러한 폭력에 대한 대안적인 면을 어린양 신학은 소설 『남겨진 자』(Left Behind)에서는 도저히 찾아 볼 수 없는 귀중한 메시지이다.

어린양의 삶을 따라 사는 우리들의 역할은 요한묵시록 14장에 잘 나타나 있다. 십사만 사천 명은 바로 이 어린양의 삶을 따라 사는 사람을 지칭하는 것이다.[6] 만약 우리가 144,000 이라는 숫자를 거부하고 그 의미에 대해서 좀 더 깊이 관찰한다면, 기독교인 공동체를 향한 이 숫자가 의미하는 정말 놀랄만한 사실을 발견하게 될 것이다. 칠레 신학자 파블로 리타드(Pablo Richard)는 요한묵시록 14장은 이 책의 가장 중심적인 내용으로서 이 땅에 살아가는 하나님의 사람들을 지칭한다고 주장한다.[7] 기독교인의 정체성은 예수를 따라 살아가는 사람들이므로 요한묵시록은 어린양의 삶을 따라가는 사람들을 기독교인이라고 규정한다.

감리교 목사 크리스티나 레 모이가난(Christina Le Moignan)은 다음과 같이 역설한다: "요한묵시록은 우리로 하여금 '우리 안에 어린양과 같은 힘'을 가지기를 원한다."[8] 그녀의 책에서 흥미 있는 것은 쇼핑몰의 중앙에 어린양이 우뚝 서 있는 모습을 그리고 있다는 것이다. 어린양 이미지는 우리로 하여금 우리의 삶에서 어린양과 같은 삶을 실천하며 살아가기를 교훈 한다. 즉 우리가 쇼핑몰에 가든지, 학교에 가든지, 일하러 가든지, 그 어느 곳에서든 어린양과 같은 삶을 살아갈 것을 촉구하는 내용이다.

와드 에윙(Ward Ewing, 뉴욕의 성공회 신학교 총장으로 이 신학교는 911 사건 현장에서 단지 몇 블록 안에 위치해 있다)은 "어린양의 힘"을 요한묵시록의 삶에 대한 새로운 방식이라고 규정한다. "어린양의 힘은 상처받기 쉬운 연약한 힘이지만, 동시에 세상을 변화시키는 가장 강력한 사랑의 힘이다,"라고 그는 어린양의 힘을 이해한다.[9] 어린양의 힘은 비폭력의 힘이자 불의에 저항하는 용기이다. 어린양의 힘은 견고한 힘으로서 용서하는 힘이다. 우리는 우리의 삶 속에서 언제든지 어린양의 힘과 짐승의 힘 중 그 하나를 선택해야 하는 운명에 있다. 어린양의 힘을 선택한다는 것은 우리가 십자가의 희생의 사랑정신을 받아들인다는 것을 의미한다. 에윙에게 있어서 묵시적 사건은(911 사건) 그로 하여금 어린양의 힘을 실천해야 하는 필요성을 느끼게 하는 중대한 사건이었다. "만약 우리가 어린양을 따라 살아간다면, 우리는 안전과 평화에 머무를 수 없을 것이다... 연약함은 고통이라는 경험을 수반해야 하기 때문이다."[10] 어린양의 힘은 희망과 저항을 향한 우리들의 노력이며 실천이다. 또한 어린양의 힘은 짐승의 두려움을 극복하기 위한 우리의 노래이며 결속력이다.

요한묵시록은 죽임을 당한 어린양 예수를 그 중심에 두는 메시지이다. 그리고 이 책의 핵심은 그 어린양이 어떻게 "정복"을 수행하는지를 보이고자 하는 것이다.

7

비폭력: 요한묵시록에 있는 정복의 의미

5장에서 살펴본 것처럼, 요한묵시록 전체를 흐르는 하나의 주제가 있다면 그것은 바로 승리주의다. 헬라어로 승리라는 의미의 나이키(Nike)는 이 책에서 사용되는 단어인데, 바로 이 헬라어는 로마의 승리주의 신학과도 같은 단어다. 이 승리라는 헬라어는 영어로 번역하자면 "승리" 혹은 "정복"과 같은 의미가 된다. 요한묵시록에서 예수와 악한 짐승 모두는 "승리자"가 되기를 추구한다. 이 책은 점차 그 이야기가 전개되면서 두 가지의 반대되는 승리를 소개하는데, 하나는 짐승의 승리이고 다른 하나는 어린양의 승리이다. 기독교인들은 이 둘 중 하나를 선택해야 한다.

어린양을 따라서 살아가는 기독교인들은 짐승의 승리가 아닌 어린양의 승리의 길을 선택해야 한다. 승리나 정복이라는 주제는 요한묵시록의 여러 곳에서 강조된다. 일곱 가지 편지의 약속에서 마지막 부분 21장과 22장에서 소개되는 새 예루살렘 비전에 이르기까지 정복이라는 주제는 대단히 중요한 주제다. 문제는 요한묵시록이 이 두 가지의 상반된 정복에 대한 문제를 어떻게 이야기하면서 이 책을 전개해 나가는가에 달려 있다.

우리의 승리가 과연 소설 『남겨진 자』(Left Behind)처럼 총기와 헬리콥터가 등장하여 대 환난을 야기하는 것과 같이 폭력에 의한 승리일까?

또는 우리의 승리는 단지 영적인 승리를 의미하는 것일까? 또는 이 두 가지 모두를 포함하는 그 어떤 형태의 승리를 의미할까? 오늘날처럼 폭력적인 세계에서 이러한 질문들은 요한묵시록에 대한 가장 결정적인 질문이 아닐 수 없다. 나는 이러한 질문들은 지난 가을 2003년 워싱턴에 위치한 브링턴 신학교의 라티노(Latino)와 엥글로스(Anglos) 성서공부 시간에 던져보았다. 우리는 그 때 라디오에서 한 인터뷰를 들었는데, 이 인터뷰에서 이라크 전쟁을 지지하는 요한묵시록 구절들을 말하고 있는 것이 아닌가! 인터뷰를 받는 사람은 예수가 평화의 복음을 설교하셨고, 그 평화는 폭력에 의해서 이루어진다고 확신하고 있었다. 그는 요한묵시록의 폭력적인 예수의 이미지를 이야기하고 있었다: "요한묵시록에서 고통받는 메시야가 다른 의미로서는 정복하는 예수의 이미지다." 그러나 "요한묵시록을 그냥 한번 읽어봐라!" 이 사람의 주장이 과연 옳은가? 우리는 마치 탐정이 정밀한 조사를 벌이듯이 "정복"과 "승리"의 의미를 면밀히 살펴본다. 당신도 역시 이러한 폭력을 수행할 수 있다. 정복이라는 용어는 요한묵시록에서 16번 등장하는데 신약성서 전체에 등장하는 횟수의 반을 넘는 숫자다. 그러나 이 책에서 우리가 발견하는 것은 이 책이 두 가지의 정복의 모델을 정확히 서술하고 있다는 것이다: 짐승의 모델과 어린양의 모델이 그것들이다.

"정복"이나 "승리"와 같은 주제들은 일곱 교회를 향한 일곱 개의 편지를 내용으로 하는 요한묵시록 2장과 3장에서 시작한다. 이 교회들은 상징적인 교회가 아니라 역사적인 교회로서 에베소, 서머나, 페르가몬 등등이다. 각각 편지들은 각 교회들의 장점들과 단점들을 서술하고 있다. 그리고 회개를 촉구하면서 교회들을 향한 위대한 약속들을 보여주고 있다. 각 교회들은 예수를 따르는 "승리"자들로 약속을 받는다.

요한에게 있어서 하나님의 백성은 "승리자들" 또는 "정복자들"이라는 칭호를 받는다. 그러나 이는 정치적인 용어로서 로마의 승리주의 신학인 로마 제국주의에 정면으로 도전하는 용어임을 알아야 할 것이다. 에베소 교회에 보낸 편지에서 요한은 다음과 같이 그들을 권면한다: "승리하는 자에게는 하나님의 낙원에 있는 생명의 열매를 먹게 하겠다." 미래의 생명 열매의 축복은 여섯 번이나 더 나오는데, "숨겨진 만나, 새로운 이름, 흰 옷, 새 예루살렘의 시민권"이 그것들이다. 일곱 개의 편지들은 당시 소아시아 지역의 정치적인 "승리"의 약속 안에 포함되어 있다. 그리고 이러한 약속들은 마지막 새 예루살렘의 비전에서 성취된다.

요한묵시록 5장에서 사자가 아니라 희생당한 어린양의 이미지로서 등장하는 예수는 우리들에게 첫 번째이며 가장 중요한 하나님의 정복의 모델을 제공해 주고 있다. 바로 연약한 어린양의 힘이 그것이다. 이 책은 로마의 힘과 전쟁에 의한 정복의 이미지와는 전혀 다른 예수의 모델을 역설하고 있다. 6장에 나오는 일곱 봉인의 비전에서 로마의 힘에 의한 이미지인 네 마리의 말, 즉 네 가지 힘과 권세를 소개하고 있다: 정복, 전쟁, 기근, 그리고 죽음. 각 말들은 로마의 각양각색의 다양한 폭력적인 면들을 상징적으로 보여주고 있다. 특별히 로마의 경제적인 불의는 세 번째 말에 의해서 여실히 드러난다. 첫 번째 말은 로마의 승리나 정복의 그림을 상징적으로 보여주고 있다:

> [일곱 봉인에 담긴 심판] 나는 그 어린양이 그 일곱 가운데 하나를 떼는 것을 보았습니다. 그리고 나는 네 가지 생물 가운데 하나가 우레 같은 소리로 "오너라!"하고 말하는 것을 들었습니다. 그리고 내가 보니 흰말 한 마리가 있는데, 그 위에 탄 사람은 활을 가지고 있었습니다. 그는 면류관을 쓰고 있는데, 그는 이기면서 나아가고, 이기려고 나아가고 있습니다(요한묵시록 6:1-2).

로마제국을 상징하는 11장과 13장의 짐승들은 폭력적인 정복의 이미지를 그리고 있다. 그들은 하나님의 두 증인들을 향해 "전쟁을 벌이고 정복하고 죽이기를 일삼는다."

이것들이 진정 "전쟁"이나 "폭력"을 의미하는 것일까? 아니다! 왜냐하면 요한묵시록 12장은 하나님의 백성을 향한 매우 다른 모델을 제공한다: "우리의 동료들은 어린양이 흘린 피와 자기들이 증언한 말씀을 힘입어서 그 악마를 이겨냈다. 그들은 죽기까지 목숨을 아끼지 않았다."

요한묵시록 12:11인 이 말씀은 이 책의 전체를 설명하는 결정적인 것이다. 신화적인 하늘의 전쟁에서 사탄은 예수의 죽음과 부활의 승리로 인해 하늘에서 쫓겨난다. 화난 악마는 땅에 있는 하나님의 백성들과 전쟁을 한다. 요한묵시록은 이 세상에서 악마가 존재하는 것은 단순히 일시적으로 존재할 뿐이라고 말한다. 우리는 지금 사탄이 지옥으로 던져지기 전에 이 땅에서 활동하는 시기를 살고 있다고 요한묵시록 20장은 말하고 있다.

하나님의 백성은 이 사탄의 세력을 두 가지의 길로 정복할 수 있다고 한다: 하나는 어린양의 피이고 다른 하나는 그들의 증언의 말씀이다. 첫 번째 길인 어린양의 피에 의한 정복은 요한묵시록의 가장 중요한 주제 중 하나로서, 소설 『남겨진 자』(Left Behind)와 린지(Lindsey)의 글에서 강조되는 것이다. 예를 들면, 소설 『남겨진 자』의 네 번째 장인, "영혼 추수"(Soul Harvest) 는 요한묵시록 8:7의 우박이 피와 범벅이 되는 이미지와 비슷하다. 그리고 하나님의 전쟁을 기꺼이 환영하는 것과도 비슷하다: "하나님의 우박과 불과 피는 자명하다. 그러므로 전쟁은 더 이상 모호하지 않고 분명하다."[1]

그러나 요한묵시록의 피에 대한 이미지는 사실 피비린내 나는 전쟁의 필요성에 대하여 회의적이다. 어린양의 피는 이 세상을 향한 희생의 피다. 요한묵시록 19장에 나타나는 고운 모시옷은 예수의 피 이외에 다른 그 어떤 것이 아니다.

예수의 정복 모델을 따른다는 의미는 우리가 타인을 무력으로 무찔러 정복하고 승리하는 것을 의미하는 것이 아니다. 예수 자신 스스로는 로마의 힘과 권력에 의해 처참히 십자가에서 희생당한 분이다. 이 점은 요한묵시록을 평화적으로 읽기를 주장하는 우리들에게 강한 확신을 주는 것으로서 메노파 교도(Mennonite) 신학자인 잔 하워드 요드(John Howard Yoder)[2]와 근래에는 리 그리피스(Lee Griffith)—『테러리즘과의 전쟁과 하나님의 테러』(The War on Terrorism and the Terror of God)—그리고 대부분의 신약성서학자들이 주장하는 내용이기도 하다. 요한묵시록이 비록 전쟁과 테러의 책으로 유명한 반면, 그리피스는 이 평판은 그렇게 좋은 것이 아니라고 주장한다. 요한묵시록은 피비린내 나는 전쟁과 폭력을 옹호하지 않는다. 요한묵시록은 예배와 예전이 중심인 폭력과 테러를 반박하는 책이다.

요한묵시록 12:11에 하나님의 백성이 악마를 정복하는 두 번째 방법은 우리가 본 것에 대한 "증언의 말"을 제공하고, 더 나아가서 우리의 목숨까지도 바치는 것이다. 증언이라는 말은(헬라어로는 *martyria*) 예수와 우리들에게 놀라운 능력을 가지고 있다. 이 단어는 법정의 상황에서 온 말로서 불의한 로마제국을 재판장으로 끌고 와서 시시비비를 가리자는 말이다. 11장에 나오는 두 증인에 대한 이야기는 예수 자신의 증언으로서(요한묵시록 11:2) "증언의 능력"을 보여주는 것이다. 칠레 신학자 파블로 리차드(Pablo Richard)는 "증언의 힘"을 오늘날의 부 정의한 상황과 비교하여 설명한다: "요한묵시록에서 증언은 언제나 하늘과 땅의 역사를 바꾸는 힘을 가지고 있다... 요한은 말했다. 거룩한 자들의 믿음(증언)은 위세 당당한 제국을 두려움으로 덜덜 떨게 하는 힘이다."[3] 실로 요한묵시록은 우리들에게 로마제국의 군사적인 승리와 힘보다 예수의 승리/증언의 힘이 더욱 능력이 있다는 것을 보여준다.

요한묵시록의 첫 번째 독자였던 1세기 사람들은 로마의 전 세계에 대한 정복의 욕구를 잘 알고 있었다. 그들은 로마의 군사적 승리주의의 희생자들이었다. 로마제국의 "짐승들"은 이미 사라졌지만, 오늘날은 폭력의 "짐승들," 경제적 무능력, 전 지구적인 불의, 그리고 다른 여러 가지의 위협으로 뒤 덮여져 있다. 911 사건은 그 어떤 시대보다 하나님의 어린양의 힘을 선언하는 필요성을 절감하게 하였다. 요한묵시록의 메시지는 짐승의 세력이 세상의 마지막을 지배할 것이라고 말하지 않는다. 15장에 보면, 짐승을 "이긴 사람들"(요한묵시록 15:2)이 어린양과 모세의 노래를 부르면서 하나님의 거문고를 들고 서 있는 광경을 그리고 있다.

폭력과 하늘의 군대?

오늘날 요한묵시록의 메시지를 평가하는 가장 중요한 것은 바로 폭력에 대한 질문이다. 이 책의 중간 부분 전체를 통틀어서 "정복"이나 "전쟁" 같은 단어가 나오면서 마치 전쟁을 찬성하고 지지하는 책으로 보인다. 이 책이 폭력적인 표현들을 드러내고 있다는 것에는 의문의 여지가 없다. 그러나 "정복"이나 "전쟁"과 같은 폭력적인 단어조차도 이 책에서는 다른 각도에서 사용되고 있다는 것을 주목해야 한다. 악한 지배자가 어린양에 대항하여서 "전쟁"을 시도한다. 그러나 어린양이 그들을 "정복"한다. 여기서 "정복"과 "전쟁"은 아마도 이 단어가 가지고 있는 폭력적인 성향을 보임에는 틀림없다.

이미 위에서 지적한대로, 요한묵시록은 조심스레 위 두 단어의 의미를 변형시킨다. 어린양과 그를 따르는 사람들이 증언의 말씀과 신실함으로 짐승을 정복하는 것이지, 폭력적인 전쟁을 통해서 승리한다는 것을 말하고 있지 않다. 이 책에서 전쟁은 하나님의 백성에 대항하여 로마와 짐승들에 의해서 수행되는 그 어떤 폭력적인 것일 뿐 하나님의 성자나 어린양이 수행하는 것이 아니다. 이 책에서 두 절이 아마도 예수가 전쟁을 수행하는 자로 묘사될 것이다—요한묵시록 2:16과 19:11—그러나 그가 과연 "어떠한 방식으로 그 전쟁을 수행하는가?" 하는 질문이 결정적인 열쇠다. 예수는 전쟁을 "칼"이나 "전투"로서 수행하지 않고, "그의 입에서 나오는 칼[증언 혹은 신실한 신앙]"로서 그의 전쟁을 수행한다. 이 단어는 예수가 짐승과 싸우기 위해 소지하는 유일한 무기로서 사자의 이미지를 어린양의 이미지로 대치하는 그 누구도 기대하지 못하는 반전의 변형을 보여주는 것이다. 이러한 변형은 하나님의 말씀과 증언을 강조함으로서 폭력을 단절하는 중요한 예수의 무기이다.

게다가 요한묵시록 19장을 폭력적으로 이해할 수 있는 그 어떤 근거도 없다. 세대주의 종말론은 휴거된 성자들이 예수와 함께 적과 싸우기 위해서 "하늘의 전쟁"을 한다고 주장하지만(요한묵시록 19장, 그들은 이를 "영광스러운 출현"이라고 부른다), 이들은 요한묵시록의 핵심을 놓치고 있다. 헬 린지(Hal Lindsey)나 다른 세대주의 종말론은 요한묵시록 19:8절의 말씀인, "흰옷을 입은 군대"를 기독교인들과 동일시한다.[4] 이 군대는 "하늘의 전쟁"을 수행하는 사람으로서 직접적으로 "공습"이나 "전쟁"을 한다는 언급은 그 어떤 곳에서도 찾아볼 수 없다. 전쟁은 시작하자마자 끝난다. 왜냐하면 승리는 이미 예수의 십자가 위에서 실현되었기 때문이다.

그러므로 요한묵시록은 "승리"라는 단어의 개념을 새롭게 규정한다. 이 책 그 어느 곳에서도 하나님과 그의 백성들이 "전쟁을 수행" 한다는 내용을 찾을 수 없다. 그들이 "승리자"나 "정복자"가 된다는 것은 아마겟돈이나 전쟁을 통해서가 아니라 "증언의 말씀"으로서 된다. 이와는 반대로 로마의 승리 신학은 전쟁을 통해서 승리한다. 요한묵시록은 이러한 로마의 승리신학에 정면으로 반대하면서 어린양의 희생의 승리를 웅변한다. 악은 사랑의 고통으로서 극복되는 것이지 세상의 그 어떤 힘과 권력으로 극복되는 게 아니다.[5]

데이빗 바(David Barr)는 "요한묵시록은 일반 미국인들에게 묵시문학을 보는 관점을 제공해 주는 책으로서, 이 책은 미국인들로 하여금 하나님이 거룩한 전쟁과 폭력으로서 악을 정복한다는 이미지를 가지게 한다." 폭력의 이야기가 어린양의 이미지로 변형하는 것이 요한묵시록의 결정적인 열쇠다:

> 어린양의 이미지가 사자의 이미지를 대치할 수 없다고 이해하는 것은 참으로 안타까운 일이다. 요한묵시록은 사실 이 폭력에 대한 대안적인 변형을—하늘의 전사가 그의 적들을 물리치는 최고조의 전쟁 장면조차도—서술하고 있다. 이 전사의 정복은 그의 입에서 나오는 칼로서 악과 대항하여 승리하는 것이지, 그의 팔의 힘으로 승리하는 것이 아니다. (Barr, "Toward an Ethical Reading of the Apocalypse," 361).

요한묵시록의 중심적인 메시지가 사자가 아니라 어린양의 이미지이기 때문에 요한의 메시지는 폭력과 지배와 같은 의미와는 대조되는 것이다. 거룩한 전쟁의 이미지에서 요한묵시록은 전쟁을 조장하거나 촉진하지 않는다.

오래 전 옛날 복음 찬송가가 우리를 상기시키듯이, 요한묵시록의 "위대한 어린양의 힘"은 그 어떤 시대보다 오늘날 필요한 힘이다. 이는 폭력적인 힘이 아니다. 이 힘든 세상을 하나님께서 아름답게 바꾸는 비폭력적인 사랑의 힘이다.

8

요한묵시록의 출애굽 이야기

요한묵시록을 중간쯤 읽어가다 보면 끔찍한 재앙들이 나오는데 이것들이야말로 이 책을 이해하는데 있어서 가장 힘든 것 중 하나다. 그런데 이런 재앙들은 사실 세대주의 종말론이 가장 좋아하는 것이다. 그들은 요한묵시록 6장부터 19장에 등장하는 이 재앙들은 다니엘서 9장의 7번째 주에 대한 상세한 정보를 제공하고 있다고 믿는 것이다. 종말론에 대한 영화나 소설들은 "일곱 개의 나팔과 대접"에 의해서 풀어지는 재앙의 잔인성에 초점을 맞춘다. 바다의 물과 허리케인과 같은 지구를 위협하는 재앙들은 이 세상을 죽음과 암흑으로 쓰셔 넣는다. 세대주의 종말론의 문서에 의하면 하나님은 우리가 상상도 하지 못하는 엄청난 고통을 준다고 한다.

이미 앞에서 지적한대로, 끔찍한 재앙들은 결코 미래에 일어날 사건들에 대한 예언이 아니다. 오히려 그 재앙들은 위협을 주는 하나의 수단이다. 왜 하나님은 과연 이러한 재앙을 통해서 인간을 위협하는지 그 의미를 이해하기란 쉽지 않은 것 같다.

출애굽기 이야기가 아마도 이러한 혼란을 해결하는 열쇠가 되지 않을까 생각한다. 요한묵시록은 출애굽 이야기를 다시 서술한 것이라고 해도 과언이 아니다. 출애굽이라는 고대의 이야기에서 하나님은 이집트에서 고통 하는 사람들의 소리를 듣는다. 하나님은 열 가지의 재앙으로 이집트 사람들을 위협하신다. 그로 말미암아 하나님은 자신의 힘을 이집트 사람에게 과시하고 바로를 설득하여 이집트에서 고통 하는 사람들을 해방시키고자 하신 것이다. 이와 유사하게 요한묵시록의 하나님도 사람들의 울음소리를 들으시고 로마의 억압과 폭정에 대항하여 하나님의 힘을 과시하여 불의한 현실에서 하나님의 사람들을 자유 하게 하는데 그 목적이 있다.

요한의 관점에서 하나님의 사람들은 지금 새로운 출애굽을 경험하고 있는 것이다. "이 경험은 이집트에서 로마로 그 장소가 바뀐 것이다"라고 파블로 리차드(Pablo Richard)는 지적한다. 만일 요한묵시록을 새로운 출애굽의 사건으로 이해한다면, 예수는 죽음의 현실에서 새로운 약속의 땅으로 하나님의 사람들을 인도하는 새 모세가 된다. 기독교인들은 이집트의 노예에서 해방되어 새로운 땅으로 부름을 받은 사람들처럼 로마의 부정의한 현실에서 "탈출하는" 사람들이다.

요한묵시록 전체는 출애굽 이야기의 이미지를 그리고 있다고 해도 과언이 아니다. 하나님의 사람들은 그 어떤 폭력적인 행동을 취하지 않는 사람들로 부름을 받았다. 마치 출애굽 이야기에서 보여주듯이 그들은 어떠한 폭력적인 행위도 하지 않는다. 오히려 진정한 구원은 마치 출애굽 이야기에 보여주는 이미지처럼 하나님의 "행동"과 "어린양의 피"로 이루어진다.

출애굽 이야기에서 이스라엘 사람들은 갈대바다를 건넌 후 승리의 노래를 부른다. 이와 유사하게, 요한묵시록에서 하나님의 사람들은 어린양과 하나님의 구원을 찬양하는 노래를 부른다. 요한묵시록 15장은 모세와 어린양의 관계를 다음과 같이 설명한다:

> 나는 또 불이 섞인 유리 바다 같은 것을 보았습니다. 그 유리 바다 위에는 짐승과 그 짐승 우상과 그 이름을 상징하는 숫자를 이긴 사람이 하나님의 거문고를 들고 서 있었습니다. 그들은 하나님의 종 모세의 노래와 어린양의 노래를 부르고 있었습니다. "주 하나님, 전능하신 분, 주님께서 하시는 일은 크고도 놀랍습니다. 만민의 왕이신 주님, 주님의 길은 의롭고도 참되십니다(요한묵시록 15:2-3).

출애굽 이야기가 요한묵시록에서 재 상영되는 개념은 요한묵시록의 죽음의 재앙에 대한 의미를 이해하는데 있어서 중요한 것이다. 재앙들은 폭군들로 하여금 하나님의 사람들을 억압하는 자리에서 자유 하게 하는 변화를 가능하게 하는 중요한 것이다. 이집트 왕 바로를 위협한 것처럼 요한묵시록의 재앙들은 로마를 위협하고 있는 것이다. 파블로 리차드(Pablo Richard)가 말한 것처럼, "로마 제국을 빗대어 설명한 출애굽의 이야기는 억압자의 회개와 거룩한 자의 해방을 말하고 있다. 출애굽 이야기를 반복함으로써, 하나님은 로마제국의 방자한 태도에 고삐를 당기고 있다."[1]

요한묵시록의 피로 물든 바다들, 거대한 우박, 그리고 생태적인 대재앙들은 문자적으로 미래에 일어날 것을 예언하는 것이 아니다. 특별히 재앙에 대한 묘사들은 천박한 승리주의자나 문자주의자들이 이해하는 것으로 이해되어서는 안 된다. 요한묵시록의 위협적인 폭력적 묘사의 목적은 이 세상으로 하여금 하나님의 비전에 눈을 뜨고 회개하게 함에 있다. 하나님은 결코 세상의 파괴자가 아니다.

요한묵시록의 비전의 정확한 의도는 회개와 삶의 전환을 요구하는 데 있다. 이것은 여섯 번째 나팔비전에서 분명히 드러나는데, 2억이나 되는 기마대가 온 세상의 인구 3분의 1을 학살한다. 팀 라헤(Tim LaHaye)는 이것을 다음과 같이 이해하고 있다. 문자적으로 기마대를 편성한 살육자들이 이미 죽기로 결정된 수백만의 사람들을 살육한다. 그러나 하버드 신학교 교수 엘리자베스 슈셀러 피오렌자(Elisabeth Schüssler Fiorenza)는 이 재앙의 목적은 회개를 촉구하는데 있다고 주장한다: 남아 있는 사람들은 자기 손으로 한 일들을 회개하지 않고... 그들은 또한 살인과 복술과 음행과 도둑질을 회개하지 않았습니다(요한묵시록 9:20-21).[2]

출애굽기의 재앙들이 이집트왕 바로를 위협하기 위한 것처럼, 이 구절이 주장하는 것은 요한묵시록의 비전이 회개를 촉구하는 것이지 잔인한 고통과 괴로움을 가져오는 것이 아니다. 출애굽의 이야기를 거듭해서 살펴보건대, 그곳에서 진행되는 재앙들 역시 이집트 왕 바로의 마음을 바꾸는데 그 목적이 있다:

> 주께서 모세에게 말씀하셨다. "너는 바로에게 가서 히브리 사람의 주 하나님께서 이렇게 말씀하신다: 나의 백성을 보내라. 그들이 나를 예배하게 하여라. 네가 그들을 보내기를 거절하고 계속 그들을 붙잡아 둔다면, 주의 손이 들에 있는 너의 집짐승들, 곧 말과 나귀와 낙타와 소와 양 떼를 쳐서 심히 무서운 병이 들게 할 것이다."(출애굽기 9:1-3)

또 다시 반복하건대, 요한묵시록의 나오는 위협들은 출애굽의 것과 같은 것으로서 피오렌자는 오늘날 환경과 핵무기로 지구가 종말을 맞을 것이라고 경고하는 것과 같은 맥락에서 이해한다. 그러므로 요한묵시록의 무서운 묵시적인 상징들의 목적은 새로운 삶의 변화를 위해 "독자를 일깨우기 위한" 것이다.[3]

한 천사와 제단(altar) 사이의 황홀한 대화는 재앙의 의미에 대하여 또 다른 시각을 제공하고 있다. 물과 샘들은 세 번째 대접 재앙에서 피로 변한다. 천사는 이 무시무시한 오염을 심판의 결과로 인한 부메랑과 같은 논리로 설명한다. 이는 오늘날 현대인들이 안고 있는 환경문제와도

관련이 있는 재앙이다:

> 내가 들으니 물을 주관하는 천사가 말하기를 지금도 계시고 전에도 계셨던 거룩하신 주님, 이렇게 심판하셨으니, 주님께서는 의로운 분이십니다. 그들은 성도들과 예언자들의 피를 흘리게 하였으므로, 주께서 그들에게 피를 주셔서 마시게 하셨습니다. 그들은 그렇게 되어야 마땅합니다(요한묵시록 16:5-6).

"그렇게 되어야 마땅합니다"라는 문장은 헬라어의 *axios*에서 온 말로서 "자명한"(axiomatic) 이라는 뜻이다. 요한묵시록의 천사는 폭력으로 약자를 억압하는 압제자들은 자연히 그들 스스로가 파괴의 결과를 엮어가는 사람이라고 말하고 있다. 마지막 구절인 "그들이 무고한 피를 흘리게 하였으니, 주께서 그들에게 피를 마시게 하였습니다"는 바로 "자명한" 결과를 이야기하고 있다. 천사의 말은 마치, "보라! 이는 결코 피할 수 없는 것이다!"라는 단호한 대답으로 들린다.

이 천사의 대답은 다음과 같은 결과적인 대답을 가져오게 한다: 사람들에게 고통과 죽음을 가져오는 바벨론, 로마, 그리고 이 세상의 모든 다른 제국들은 모두 피할 수 없는 멸망의 끝을 볼 것이다. 이와 유사하게, 오늘날 우리 인간들이 자연을 파괴하고 지구 온난화를 초래한 장본인이기에 우리는 피할 수 없는 지구 대 재앙의 결과를 맞이하게 될 것이다.

천사의 대답에서 또 다른 하나의 형벌에 대한 언어가 있는데, 하나님은 억압자의 표상인 제국주의를 신의 법정에 불러 세운다. 로마 억압자들은 자신들의 불의한 행위로 인하여 법정으로 호출된다. 그들은 자신들의 행위에 따라 판결을 받게 된다.

불의로 인한 희생자들은 유복한 기독교인들이 헤아릴 수 없는 특별한 창이 있다. 출애굽 이야기의 재앙 이야기처럼, 요한묵시록은 억압의 한

가운데서 고통받는 사람들—하나님의 연약한 사람들, 남아프리카인 알렌(Allan)이 말한 것처럼—에게 분명히 역설하고 있다. 이런 억압받는 사람들에게 재앙은 자신들의 고통의 종말을 알리는 복음이다.

라틴 아메리카의 풀뿌리 공동체에서 사역하는 파블로(Pablo)는 오늘날 사람들이 정의를 외치는 것은 요한묵시록에서 보여지듯 로마제국의 억압에 대항하여 울부짖었던 것과 같은 울음이라고 설명한다. 그는 요한묵시록의 재앙들은 단순히 자연 재앙을 표현하는 것이 아니라 가난한 자들을 억압한 억압자들의 결과라는 자극적인 설명을 내 놓는다:

> 우주적인 고통들은 "자연의" 재난과 같은 것이 아니다. 오히려 이는 억압하고 지배하는 자들이 가져오는 자연적인 결과다: 가난한 자들은 홍수에 의해서 죽어간다. 왜냐하면 그들은 안전한 지대에서 강가와 같은 위험한 지역으로 내 몰리기 때문이다. 지진이나 허리케인은 가난한 자들의 집을 파괴한다. 그리고 그들은 전염병, 콜레라, 그리고 결핵과 같은 온갖 질병으로 죽어가기도 한다. 왜냐하면 가난한 자들은 식량이 부족하여 극단적인 영양실조의 상태이기 때문이다... 그러므로 요한묵시록의 나팔과 대접과 같은 재앙들은 결코 "자연적"인 재난을 의미하지 않는다. 재난은 곧 제국주의자들이 만들어 낸 온갖 문제들에 대한 하나의 결과다. 오늘날 요한묵시록의 대 재앙들은 환경파괴의 결과를 의미하고 분별없는 소비문화와 시장과 자본을 맹신하는 사상, 더 나아가서 기술과 자원의 무분별 사용의 결과다(Richard, Apocalypse: A People's Commentary, 85-86).

땅에 대한 "화"가 아니라 땅에 대한 "슬픔"과 "비애"

출애굽기의 이야기와 더불어서 성서의 많은 부분에서 요한묵시록의 문제를 풀어 나가는 열쇠를 제공한다. 그 중 가장 중요한 것은 바로 하나님은 이 세상을 저주하지도 않으시고 파멸이라는 판결도 내리시지 않으신다.

네 번째 나팔 재앙 이후에 독수리가 창공을 나르면서 "화"(woe)가 미칠 것이라고 큰 소리로 울부짖는다: "화가 미칠 것이다. 이 땅에 거하는 모든 사람들에게 화가 미칠 것이다." 이는 요한묵시록의 여러 선언 중에서 유일한 것으로서, "화"라는 말이 무서움을 가져온다. 세대주의 종말론은 이 "화"의 이미지를 하나님의 이 세상을 향한 끔찍한 멸망 판결이라고 주장한다.

그러나 "화"라는 영어번역은 헬라어의 의미를 그렇게 잘 옮겨 놓은 말이 아니다. 이 말의 뉘앙스는 오히려 슬픔과 한탄의 의미를 표명한다. 친지나 가족의 무덤가에서 사람들은 "오(Oh)! 오(Oh)! 오(Oh)!"라는 비탄으로 슬퍼한다. 스페인어 성서는 단순히 헬라어의 소리를 따서 "아이(Ay), 아이(Ay), 아이(Ay)"라고 번역한다. 나는 이것을 "비애"(Alas)라고 번역하고자 한다. 헬라어의 의미를 잘 살려본다면, *ouai* 는 고통의 울음을 표현하는 말이다. 아마도 이 단어의 사용이 "화"라는 의미로 이해될 수도 있지만, 사실은 이 단어의 진정한 의미는 깊은 탄식의 울음을 지시하고 있다.

이 단어(*ouai*)에 대한 위와 같은 이해는 요한묵시록에서 매우 중요하다. 왜냐하면 세대주의 종말론은 이 단어에 대한 잘못된 해석에 기초하여서 하나님이 이 세상 파괴를 허용하신다는 신학을 주장하고 있기 때문이다. 그러나 그들의 주장은 요한묵시록 전체의 메시지에 상반되는 신학이다. 출애굽기 전승에 따르면, 비록 불의에 대한 심판과 재앙을 가져오시는 하나님의 이미지를 그리고 있지만, 요한묵시록의 메시지는 이 세상에 대한 하나님의 열정, 슬픔, 탄식으로 이해될 수밖에 없다.

요한묵시록의 메시지를 곰곰이 심사숙고 해 보면, 특별히 이해하기 어려운 중간부분에서, 무엇보다도 중요한 약속은 하나님이 이 세상을 사랑하시고, 이 세상의 해방을 위해서 탄식하고 계신다는 것을 기억해야 한다. 이는 죽임을 당하신 어린양 예수의 이미지에서 하나님께서 우리 인류를 사랑하셔서 함께 탄식하며, 그래서 우리를 구원하신다는 의미가 명확히 드러난다. 하나님은 결코 이 세상을 저버리지 않으신다는 것이 요한묵시록의 중심된 메시지이다.

구원의 에피소드들

구원의 에피소드와 하늘의 예배는 요한묵시록 한 가운데 있는 끔찍한 재앙들을 누그러뜨리는 또 하나의 요소이다. 요한묵시록에서는 출애굽의 영감으로 쓰인 봉인이나 나팔, 그리고 대접과 같은 재앙들이 가차없는 무자비한 결과로 마무리되지 않는다. 첫 번째 여섯 재앙들의 이야기가 마무리되기 전에, 긴장감을 고무시키고 대 재앙의 위협의 한 가운데서 중요한 휴식을 가져오는 시간 끌기 부분이 있다.

첫 번째 여섯 봉인들은 6장에서 극단적인 네 마리의 말과 로마의 억압을 상징하는 다른 상징들로 급격한 연속적인 과정을 통해서 개봉된다. 그리고 우리는 일곱 번째 봉인이 앞의 여섯 봉인처럼 연속적으로 개봉될 것을 기대 하지만, 오히려 묵시록은 하나의 놀라운 사건 전개로 우리를 안내한다. 일곱 번째의 봉인에서 우리는 하나의 아름다운 비전을 본다. 그것은 흰 예복을 입은 순교자의 아름다운 비전으로서 온 나라와 민족과 세상의 모든 언어를 사용하는 사람들이 종려나무 가지를 들고서 옥좌와 어린양 앞에 서서는 다음과 같이 노래하는 장면이다: "구원은 보좌에 앉아 계신 우리 하나님과 어린양의 것입니다"(요한묵시록 7:10)." 이 비전에서 놀라운 역설적인 표현을 볼 수 있는데, 이는 어린양이 백성들을 하나님의 안식처와 생명의 물로 인도하는 목자가 된다는 것이다. 친절하게도 하나님은 우리의 눈물을 씻겨 주신다. 요한묵시록 7장의 비전은 종종 장례식이나 모든 성자의 날에 읽혀지는 기독교인들이 오랫동안 가장 선호하는 본문 중에 하나다.

이 위로와 구원의 시간이 흐른 뒤, 어린양은 일곱 번째의 인과 마지막 인을 개봉한다. 그리고 이 개봉은 잠깐 동안 온 세상이 침묵으로 들어가게 한다. 이 장에서 보여주는 위로와 구원의 막간시간은 우리로 하여금 심판이 우리를 위협하는 순간에도 하나님의 기대하지 않았던 사랑과 은혜가 있음을 일깨워 준다. 요한묵시록 전체를 통틀어서, 구원의 노래들은 가장 힘든 순간에 갑자기 등장하여 이 땅에서 믿음을 지키는 사람들을 위로한다. 노래와 희망 사이를 옮겨가며 연결하는 것은 아름다운 장면들은 세대주의 종말론 자들이 간과하는 요한묵시록 도처에 편재해 있는 중대한 요소들이다.

어린양의 법정: 하나님을 향해 울부짖는 사람들을 위한 정의

요한묵시록은 오늘날 폭력과 전쟁, 그리고 테러가 범람하는 시대에 폭력적인 방법이 아니라 평화로운 방법으로 문제를 해결하는 하나의 길을 제시한다. 바로 그것은 법정이라는 개념이다. 악을 행하는 사람들을 향해 전쟁으로 대응하는 것이 아니라, 하나님의 정의로운 법정에 그들을 호출하고 그 죄에 합당한 판결을 내린다는 개념이다. 데이빗 바(David Barr)의 설명처럼 요한묵시록은 거룩한 전쟁이라는 개념을 완전히 새롭게 바꾼다. 요한묵시록 18장이 그중 가장 좋은 예로서, 로마/바벨론의 [요한묵시록에서 바벨론은 로마를 의미한다. 즉 로마제국은 바벨론 제국처럼 멸망 할 것이라는 희망과 기대를 요한묵시록이 보여주는 하나의 신앙이다.] 붕괴는 전쟁이 아니라, 법정에서 이루어진다는 것이다.

정의를 위하여 울부짖는 세상의 사람들, 그리고 온갖 다양한 형태의 시스템과 압제자 또는 제국주의의 희생양으로 고통받는 모든 사람들은 하나님의 정의로운 하늘의 법정이 존재한다는 것을 상기해야 한다. 엘살바도르와 아르헨티나의 "사라진 자들의 어머니"들, 즉 사라진 남편과 딸의 사진을 들고 마요(Mayo)광장에 서 있는 여성들은 자신들이 사랑하는 사람들에게 무슨 일이 일어났는지 알 권리가 있다. 정의를 외치는 희생자들은 하나님께서 출애굽의 이야기에처럼 다음과 같이 말씀하고 계신다는 것을 알 필요가 있다: "나는 나의 백성이 울부짖는 외침의 소리를 들었다. 그리고 나는 그들을 구원하기 위해서 내려왔다." 그들은 하나님께서 억압자들을 심판하시고 그리고 희생자들의 무죄한 피를 옹호하는 시간이 "단지 잠깐 동안"임을 알 필요가 있다. 이러한 무죄판결은 요한묵시록 19장 2절에서 로마에 의한 희생자들의 소송에서 잘 보여진다.

이 법정에서 원고들은 자신들의 정당함을 변호해 주시는 하나님께 정의로 재판할 것을 요청한다. 이 원고들은 성자들로서 로마의 폭정으로 희생당한 사람들을 대표한다. 그러므로 이 법정에서 피고인들은 당연히 로마/바벨론, 또는 인류역사상에 존재했던 모든 억압의 폭군을 상징한다.[4] 그들의 혐의는 살인이다: "예언자들의 피와 성도들의 피와 땅에서 죽임을 당한 모든 사람들의 피가 이 도성 [바벨론/로마] 에서 발견되었기 때문이다(요한묵시록 18:24). 하나님은 판사로서 로마제국은 행한 행실 그대로 벌을 받을 것이라는 판결을 내리신다:

너희는 [희생당한 의인들] 그 여자 [로마] 가 준 만큼 그 여자에게 돌려

주고 그 여자의 행실대로 갑절로 갚아주어라. 너희는 그 여자가 섞은 잔에 갑절로 섞어 주어라... 그 여자를 심판하신 주 하나님은 강한 분이시기 때문이다(요한묵시록 18:6-8).

위의 구절에서 로마가 "여성"으로 묘사되기 때문에 요한묵시록 17장과 18장에서 악한 제국의 이미지를 여성성에 묘사한 이유에 대해서 잠시 이야기 할 필요가 있다. 특히 로마를 묘사할 때 가장 현란하고 눈부신 옷 장식을 한 창녀로 비유한 것은 요한묵시록 전체를 통틀어서 잊을 수 없는 비유 중에 하나이다. 역사나 문학을 통해서 볼 때, 창녀 바벨론 제국은 종종 "이세벨" [약 주전 9세기경 페니키아인 — 시돈왕 엡바알의 딸 — 으로서 북 이스라엘 왕 아합의 아내였다. 구약성서에 따르면, 그녀는 온 이스라엘이 바알을 섬기고 예배하기를 독려하였다, 열왕기상 16:31-32] 로 비유되는데, 그녀의 상징은 "파괴적인 유혹"으로 희생자들을 유혹하는 여자를 비유한다. 요한묵시록 17장 16절을 [그리고 네가 본 그 열 뿔과 그 짐승은 그 창녀를 미워해서 비참하게 만들고 벌거벗은 꼴로 만들 것이다. 그들은 그 창녀의 살을 삼키고 그 여자를 불에 태울 것이다] 문자적으로 해석하면 끔찍한 집단강간을 표현하는 것처럼 보인다. 내가 가르치는 학생 중 몇몇 여학생들은 본능적으로 창녀를 고문하는 듯한 문자적인 의미에 이의를 제기하는데, 그들은 마치 이 구절이 여성의 육체에 고문을 가하는 듯한 묘사라고 주장한다.5

하지만 바벨론의 창녀비유는 문자적으로 이해해서는 안 된다. 이는 우리가 요한묵시록에서 어린양의 예수 이미지를 문자적으로 이해하지 않는 것과 같은 맥락이다. 요한묵시록에서 로마는 제국을 상징하는 것이지 여성을 상징하지 않는다. "도시"라는 헬라어는 여성형 명사 *polis*인데, 고대인들의 세계에서 도시의 의미를 여성성으로 의인화하는 것은 관습으로서 이는 오직 문법적인 의미를 가지는 것이지 문헌적인 성을 의미하지 않는다. 로마를 창녀로 의인화하는 것은 오늘날 일간신문에서 정치를 풍자하는 풍자와 같은 맥락에서 이해된다. 요한묵시록의 정치풍자, 즉 "로마는 창녀다"라는 당돌한 표현으로 로마의 자기이미지인 승리의 여신을 전복시키는 것이 아닐 수 없다.

바벨론의 이미지인 "우상숭배 [간음]"나 "악덕상인"은 여성성과 아무런 관계가 없다. 오히려 이러한 이미지들은 불합리한 경제적인 측면을 비난하는 것이다. 로마는 약탈로 먹고살았고, 악덕 상들은 로마제국의 가장 먼 지역에서 불의로 자원들을 끌어 왔다. 이러한 모든 것을 볼 때, 제국의 창녀비유는 경제적 그리고 정치적 비판을 의미한다.

로마제국이 재판장에서 판결을 받을 때, 기쁨은 원고들의 천상의 천사들과 하나님의 축배로 하늘과 땅을 덮는다:

> 하늘과 성도들과 사도들과 예언자들이여, 즐거워하십시오. 하나님께서는 그대들을 위하여 그 도시를 심판하셨습니다(요한묵시록 18:20).

로마의 부인 상인들과 왕들은 부의 상실로 인하여 슬퍼하면서 "화로다"라고 탄식한다. 요한묵시록 18장에서 소개하는 재판장면은 바로 하나님은 정의를 원하신다는 메시지를 전하고 있다. 요한묵시록은 로마제국에 대항한 투쟁과 전쟁의 이미지를 재판이라는 개념으로 대치한다. 불의한 경제적 구조와 폭력으로 약자를 억압하는 전 세계의 모든 사람들은 그에 상응한 판결을 받는다. 요한묵시록은 약속한다. 그들의 제국은 결국 끝이 올 것이다. 예수, 즉 죽임을 당한 어린양의 이미지 안에서 하나님의 새로운 지배는 이미 그 여명을 밝힌 것이다.

요한묵시록 18장의 절정의 순간에 이 책을 읽는 독자는 정의로운 구원을 통한 새로운 하나님의 나라를 이루시고자 고전 분투하시는 하나님의 역사에 동참하게 된다. 출애굽의 장렬한 행진처럼, 요한묵시록은 바벨론

/로마제국의 죄악에서 탈출하기를 독려한다. 또한 이 책은 우리로 하여금 예수, 즉 하나님의 어린양의 삶을 따라서 살아가는 사람으로서 이 세상을 비폭력으로 사랑하고 지켜나가야 함을 일깨워준다.

9

어린양 공중납치: 신의 분노와 전쟁중독

요한묵시록 전체의 메시지는 어린양의 이미지인 예수의 이야기이다. 죽임을 당한 어린양의 승리는 요한묵시록의 핵심중의 핵심이다. 나는 요한묵시록의 이 특별한 신학을 재강조하고 싶다. 로마의 전쟁과 힘의 승리가 아닌 어린양의 희생의 승리는 오늘날에 커다란 의의를 가지고 있다. 테러리즘에 직면하고 전쟁을 찬양하는 오늘날의 상황에서 우리는 "어린양의 힘"을 다시 한번 심히 상기해야 하는데, 이는 진정한 승리가 전쟁이나 무력으로 이루어지는 것이 아니라, 철저한 자기희생을 통해서 가능하다는 사랑의 메시지이다. 요한묵시록의 메시야는 로마제국의 승리의 이미지와는 달리 죽임을 당하지만, 이 메시야는 당당한 어린양의 이미지로 묘사된다. 요한묵시록에서 예수는 폭력에 의해서가 아니라, 그 폭력을 과감히 십자가의 희생의 모습으로 받아들이면서 승화한다.

세대주의 종말론 기독교인들은 예수의 이미지를 고통에 대한 사랑의 승화가 아니라, 전쟁과 폭력으로 보복을 수행하는 메시야로 이해한다는 것은 더 이상 구체적으로 설명할 필요가 없을 것이다. 이러한 미국인들이 기독교의 이름으로 전쟁의 이미지를 전 세계로 수출하고 있다는 것에 대해 우리는 분노를 느끼지 않을 수 없다. 소설 『남겨진 자』(Left Behind)에서는 어린양의 이미지를 전쟁을 즐기면서 이스라엘을 제외한

온 세상에 고통과 “지진의 분노”와 같은 재앙을 가져다주는 터프가이(tough- guy)로 묘사한다. 이렇게 어린양의 이미지를 이해하는 세대주의 종말론은 하나님의 마음은 세상을 사랑하셔서 스스로 고통을 감수하는 따뜻한 마음을 소유한 분이 아니라, 분노의 마음을 가진 분으로 이해한다. 이것은 실제로 내가 가르치는 학생들 중 세대주의 종말론의 배경에서 자라온 학생들의 증언을 통해서도 확실히 입증되는 것이다.

“어린양의 분노 [진노]”라는 표현은 요한묵시록 전체 중 오직 6장에 등장한다: “산과 바위를 바라보고 말하였다. ‘우리 위에 무너져 내려서 보좌에 앉으신 분의 얼굴과 어린양의 진노에서 우리를 숨겨다오’”(요한묵시록 6:16). 이 표현은 오직 도망하는 사람들의 입에서 흘러나오는 말이다. 요한묵시록 6장 16절을 제외한 28번의 다른 부분에서는 결코 어린양이 끔찍한 분노의 복수심을 소유한 이미지로 묘사되어 있지 않다. 소설 『남겨진 자』의 세 번째 장인 “영혼 추수”는 “지진의 분노를 쏟아 붓는 어린양”이 가져오는 재앙의 여파를 아주 상세한 유혈장면을 통해 소개한다. 이 장면은 이 소설에 나오는 다음의 말로 핵심적인 시간표(timeframe)를 구성해 준다: “어린양이 지진의 분노를 쏟아 부을 때 너는 어디에 있었는가?”

이러한 폭력적인 어린양의 이미지를 구성하면서, 세대주의 종말론은 요한묵시록의 어린양의 성스럽고 평화로운 하나님의 사역을 왜곡한다. 소설 『남겨진 자』는 요한묵시록 7장에서 소개되는—하나님의 목초지로 인도하고 우리의 눈물을 닦아주는—양을 치고 피난처와 안식처를 제공해 주는 어린양의 이미지와 사역을 무시하고 있다. 가장 안타까운 것은, 세대주의 종말론은 요한묵시록 22장에서 보여주는 어린양의 보좌로부터 흘러 내려오는 생명의 강을 전혀 언급하고 있지 않다는 것이다. 소설

『남겨진 자』에서 어린양은 위로도 생명도 그 어떤 희망적인 메시지를 담고 있지 않은 것으로 이해하고 있다. 그들은 어린양을 연약한 목자의 어린양의 이미지 보다 강한 폭력적인 전사의 이미지로 이해하고 싶은가 보다.

우리기 요한묵시록을 읽어가면서 두 개의 상반된 어린양의 이미지 중 하나를 선택해야만 한다. 그럼 그 선택은 누구를 위한 것인가? 팀 라헤(Tim LaHaye)나 존 헤기(John Hagee)가 이해하는 것처럼 폭력적 "터미네이터" 어린양이나 교황이 인정한 십자군 메시야를 위해서인가? 이러한 어린양의 이미지는 마치 박해 세력(Tribulation Force)으로서 지하 벙커에서 군사작전을 수행하기 위해 준비된 근육질의 용병으로 보인다. 확실한 것은 이러한 해석이 오늘날 우리들의 삶에 영향을 미치고 있다는 것이다. 그러나 "어떤 영향을 미치는가?"라는 질문을 해 본다. 궁극적으로 이러한 해석은 로마제국의 승리주의에 대한 또 다른 표현이외에 다른 그 어떤 것도 아니다. 소설 『남겨진 자』에 나오는 데 재앙 군대나 헬 린지가 표현한 폭력적인 군인들은 폭력적인 하나님이 자기들의 편에서 싸우며 궁극적인 승리를 가져오는 동반자로 이해한다. 그러나 그들의 이러한 하나님의 이미지는 요한묵시록 저자 당시 로마가 섬겼던 전쟁의 신과 크게 다르지 않은 것처럼 보인다.

요한묵시록을 이해하는 우리는 다음과 같은 면에서 철저히 세대주의 종말론과 구별된다: 세대주의 종말론 자들은 어린양이 죽임을 당했을 때, 그 때서야 비로소 진정한 승리를 가져왔다는 것을 믿지 않는 것 같다. 그들은 어린양의 십자가를 통한 구원을 선포하고 설교하지만, 이러한 어린양의 희생이 진정한 승리를 위해서 충분하지 않은가 보다. 그들에게 예수는 어린양이 아니라 사자의 힘과 권능으로 재림하는데, 그 재림하는

시기가 바로 진정한 승리의 시점이라는 것이다. 헤기는 다음과 같이 주장한다:[1]

> 첫 번째 예수는 하나님의 어린양으로 이 세상에 오셨고 말없이 죽임을 당하셨다. 두 번째 예수는 지금 오시는데, 예수는 유대종족의 사자로서 모든 적을 물리친다. 그리고 나서 예수는 사자의 막대기로 세상을 지배할 것이다. 오소서! 주 예수여!

그러나 예수의 사자와 힘과 권능으로 재림하신다는 기록은 요한묵시록 그 어떤 곳에서도 발견할 수 없다. 오히려 요한은 요한묵시록 5장에서 의도적으로 예수에 대한 사자 이미지를 어린양의 이미지로 대치한다. 그리고 5장 이후 결코 예수를 사자로 언급하지 않는다. 요한묵시록에서 오직 악마만이 사자의 이미지로 동일시되고 있다. 예를 들면, 메뚜기가 사자와 같은 날카로운 이빨을 가지고 있다고 9장에서 제시되고 있고 죽음의 말들이 사자의 머리와 비유되고 있다.

따라서 "세대주의 종말론은 과연 어디로부터 예수의 이미지를 사자의 이미지로 가져오고 있는가?"라는 질문을 던지지 않을 수 없다. 그들은 어린양으로서 예수의 이미지가 연약하다는 이유로 인해 아마도 예수의 이미지를 사자의 이미지로 이해하고 있다고 나는 생각한다. 이는 분명 성서적인 해석이 아니면서 동시에 소설 『남겨진 자』를 읽는 독자를 속이는 속임수다. 그들은 복수하는 사자의 이미지인 재림 예수를 갈망하고 있다. 헤기는 그리스도의 재림을 이렇게 이야기하고 있다: "그리스도는 아마겟돈이라고 불리는 전장에서 이 세상의 적들과 대면하기 위해서 재림하신다."[2]

엿보기, 아마겟돈, 그리고 전쟁중독

아마겟돈은 세대주의 종말론이 갈망하는 사건 중 하나로서, 린지는 이를 "가장 중심적인 사건"이라고 설명한다.[3] 아마겟돈이라는 말은 요한묵시록 전체에서 단 한번 등장한다(요한묵시록 16:16). 그러나 세대주의 종말론주의는 이 단어가 요한묵시록의 가장 중심된 것이라고 주장한다. 라헤는 이 아마겟돈이 단순히 단 한번 수행되는 전쟁이 아니라 적어도 네 번의 전쟁이 수행되고 이 전쟁들은 팔레스타인 곳곳에서 수행될 것이라고 주장한다. 첫 번째 전쟁은 페트라(Petra) 또는 에돔(Edom) 지역에서 수행되는데 "이곳들은 주님의 옷이 적들의 피로 얼룩지는 곳이다"고 주장한다.[4] 라헤는 상상할 수 없는 "두렵고 충격적인" 군사적인 참상을 그리고 있다.

세대주의 종말론은 자신들이 아마겟돈 전쟁을 갈망하는 이유가 예수의 재림에 있다고 주장한다. 그러나 예수는 소설 『남겨진 자』처럼 폭력과 전쟁을 일삼으면서 재림하시지 않으신다. 그럼 과연 폭력의 매력이 무엇이기에 이토록 세대주의 종말론이 열광하는가? 무슨 이유에서 그들은 피와 죽음을 강조하는가?

그 대답은 단순하다. 성자들은 땅에서 하늘로 휴거되기 때문이라는 것이다. 즉 세대주의 종말론은 자신들이 하늘로 휴거 된 이후, 저 높은 하늘에서 이 땅에 남겨진 사람들이 당하는 고통과 세상의 종말을 구경하겠다는 셈이다. 자신들은 폭력의 고통에서 탈출하여 휴거 된다는 아주 이기적인 신학이다. 마치 영화관 앞자리에서 총격전을 관람하듯, 하늘은 지구의 종말을 구경하는 완벽한 장소일 것이다. 헤기는 "우리는 하늘이라는 2층 특별석에서 구경할 것이다"라고 뽐낸다.[5] 또 다른 신봉자는 "제가 특별관람석에서 아마겟돈 전쟁을 관람할 티켓을 받게 된 것에 감사드립니다. 하나님! 다시 태어난(born-again) 사람들은 저와 함께 아마겟돈 전쟁을 하늘에서 지켜볼 것입니다."6

팀 라헤와 제리 젠킨스의 11번째 소설인 아마겟돈은 그들의 영웅인 비행조종사 레이포드 스틸레(Rayford Steele)를 소개한다. 이 소설에서 그가 아마겟돈 전쟁터 위를 비행할 수 있게 되면서 휴거된 신자들은 이 전쟁터를 공중에서 내려다 수 있게 되었다고 서술한다:

> 그 오랜 호기심이 상기되었다. 레이포드(Rayford)는 그것을 움직일 수가 없었다. 그는 아마겟돈 전쟁터로 가까이로 저공비행을 할 수가 없었다—그때가 아마 70마일이 조금 덜 된 시점으로 추측된다—그는 이것이 미친 짓임을 깨달았다. 그리고 그는 공중의 교통체증 중 자기 자신을 발견한 것 같다(라헤 & 젠킨스, Armageddon, 324).

이런 엿보기(voyeuristic)는 세상의 종말을 갈망한다. 레이포드(Rayford)의 비행은 이런 엿보기 열망을 요약하는 것이다. 전 종군기자였던 크리스 헤지스(Chris Hedges)는, 『전쟁은 우리에게 어떤 의미를 부여하는 하나의 힘이다』*(War Is a Force That Gives Us meaning)* 에서 세대주의 종말론이 왜 요한묵시록의 이야기를 폭력적으로 이해하며, 동시에 신자들이 휴거 되어 지구의 종말을 지켜본다는 그들의 해석에 대한 한 식견을 제공한다. 헤지스는 엘살바도르, 보스니아, 쿠웨이트, 이라크, 그리고 다른 여러 나라에서 벌어진 전쟁에 종군기자로 참관하였다. 그는 그 자신이 점점 전쟁에 중독되어 가는 느낌이었다고 고백하였다. 그는 자신도 모르게 전쟁을 갈망하게 되었고, 전쟁을 관람하는 것에 점점 스릴과 흥미를 가지게 되었다고 한다. 즉 전쟁은 그에게서 마약과 같은 것이 되었다. 그는 인간이 만든 것 중 전쟁은 가장 강력한 마약성이 있는 것이라고 하였다.

헤지스는 오늘날 TV를 통해서 전쟁을 하나의 스포츠 관람정도의 수준으로 시청하는 사람들을 비판한다. "폭력의 매력, 기괴한 광경에 매몰되는 현상은 바로 성서가 말하는 '안목의 정욕'으로서 하나님과 같은 신적인 권한으로 다른 인간의 삶을 짓밟는 현상"은 공상적인 경향을 띤다.[7] 신화적인 전쟁에서 "우리는 절대적 실재 자들과 싸운다. 우리는 반드시 어둠을 무찔러야 한다." 전쟁은 이렇게 하여 오락이 된다.

사람들은 폭력의 현장을 관람하기를 좋아한다. 이것은 바로 '안목의 정욕'이다. 초대교회에서 신학자 터툴리안(Tertullian)은 로마시대의 폭력적인 쇼인 검투사(gladiator)경기를 관람하는 기독교인들을 비판하였다. 그의 책 『구경하는 사람』(De Spectaculis) 은 바로 폭력을 관람하는 매혹에 대하여 지적하였다. 그러므로 그는 기독교인들이 이러한 폭력적인 것들을 관람하지 않도록 훈련받아야 한다고 주장하였다. 폭력은 공상적이며 매혹적인 것이다. 폭력은 마법적인 것이며 동시에 마취와 같은 것이다. 요한묵시록은 로마제국이 폭력으로서 사람들을 속이고 협박하여 그 제국을 통치하였다고 설명한다.[8] 이것은 마치 소설 『남겨진 자』(Left Behind)에서 레이포드(Rayford)가 대량살상을 구경하도록 강요받는 것과 같은 것이다. 헤지스는 빌 모이어스(Bill Moyers)에게 이렇게 말하였다: "만약 당신이 장기간 전쟁에서 시간을 보낸다면, 그럼 당신은 결국 그 장소가 집과 같은 느낌을 받을 것이다. 그리고 그것은 물론 하나의 질병이다. 그러나 나는 그 질병을 앓았다."[9]

오늘날 많은 기독교인들의 생각 중 아마겟돈과 전쟁과 같은 고정관념 또한 헤지스가 말한 질병이라고 할 수 있다. 세대주의 종말론주의의 피와 분노의 역사관은 우리의 집일 수 없다.

어떤 역사관이 올바른지—소설 『남겨진 자』의 버전인지 아니면 어린 양의 버전인지—오직 이 글을 읽는 당신만이 결정을 할 수 있다. 기독교 근본주의자들이나 소설 『남겨진 자』 독자들은 전쟁 이야기는 요한묵시록의 이야기가 반드시 펼쳐나가는 핵심적인 것이라고 주장한다. 그러나 나는 그들과 다른 하나의 대안적인 이야기를 말한다. 근본주의자들은 중동이 피비린내 나는 전장으로 버려지기를 바라고 있는 것 같다. 단순히 이러한 점을 고려해 봐도 우리는 기독교 근본주의자들의 이러한 해석을 용납할 수가 없다. 왜냐하면 폭력은 이 세상을 향한 하나님의 계획이 아니라고 성서가 말하고 있기 때문이다.

10

거꾸로 된 휴거: 세상을 새롭게 하기 위한 하나님의 비전

슬프게도, 세대주의 종말론의 역사관은 먼 미래로 완전히 연기되었다. 사자와 같은 이미지의 전사로서 재림하는 예수의 이미지는 그들의 예언적인 카운트다운(countdown)의 핵심적인 내용이다.[1] 하늘과 땅의 재건은 그냥 기다려야만 한다—아마도 1,000년 이상은 지나야 할 것이다. 그리고 오직 하나님만이 땅을 파괴하신다. 세대주의 종말론은 분명히 이 세상을 치유하시는 또 다른 하나님의 역사에 관심이 없을 것이다.

그들은 아마도 전쟁 이야기—요한묵시록 19장에 나오는 무장한 예수의 이미지—에 관심을 둘 것이다. 그들은 요한묵시록의 최고점을 그리스도의 "영광스러운 출현"이 전쟁을 하기 위한 것으로 이해할 것이고, 예수가 천년왕국을 예루살렘에 건설하기 위해서 이 땅에 오신다고 믿을 것이다. 소설 『남겨진 자』(Left Behind)의 12번째이자 마지막 책은 바로 이러한 예수의 출현으로 그 절정에 다다른다.

그러나 요한묵시록 19장은 요한묵시록의 마지막 장이 아니다. 우리는 19장을 넘어서서 계속해서 읽어 나가는데, 요한묵시록은 21장과 22장에서 그 절정에 다다르고 그리고 이 두 장이 요한묵시록의 마지막을 장식한다. 바로 새 예루살렘 비전이 그것이다. 요한묵시록은 일곱 개 교회를 향한 승리의 메시지로 시작하여 바로 이 새 예루살렘 비전으로 그 마지막을 장식한다. 이 새 예루살렘 비전은 세상을 치유하고 새롭게 하시는 하나님의 사랑의 역사로 가득 차 있는 비전이다. 이 비전의 새 예루살렘은 오늘날 우리 시대의 마틴 루터 킹(Martin Luther King Jr.) 목사께서 말하신 하나님의 "사랑스러운 공동체"이기도 하다.

요한묵시록은 우리로 하여금 긴박한 새 예루살렘의 비전을 보여주고 있는데 이는 1,000년간의 예약 그 뒤에 이루어지는 것이 아니다. 새 예루살렘 비전이 보여주는 메시지는 오늘날 지금 우리가 살아가는 이곳에 하나님의 비전이 이루어지고 우리로 하여금 어린양의 길과 어린양의 힘으로 이 세상을 살아갈 것을 권고하는 비전이다. 이러한 하나님의 새 예루살렘 비전은 오늘날 기독교 공동체를 행한 영적인 힘인데, 세대주의 종말론은 이 힘을 완전히 부인한다.

요한묵시록 한 가운데를 장식하는 묵시여정에서 언급되는 비전과 재앙들은 이 세상의 불의에 대한 하나님의 심판의 메시지를 담고 있다. 다행히도, 이러한 재앙과 심판들과 아마겟돈 전쟁은 요한묵시록의 마지막이 아니라는 것이다. 우리는 요한묵시록을 계속하여 읽어가면서 마지막을 장식하는 새 예루살렘 비전에서 그 진정한 메시지를 깨달을 수 있다.

어린양은 우리들을 제국주의 고통에서 구출하며 폭력, 욕심, 두려움, 그리고 불의에 중독된 우리들을 자유 하게 하신다. 이것이야말로 우리가 날마다 경험하는 출애굽인 것이다.

부드럽게, 친절하게, 어린양은 우리를 하나님의 강인 생명과 치유의 강으로 인도하신다. 요한묵시록 마지막인 21장과 22장의 새 예루살렘 비전은 어린양과 더불어 새로운 생명의 아름다운 그림을 그리고 있다.

새 예루살렘 비전은 오늘날 우리를 두 단계의 영적인 여정으로 인도한다. 우리의 출애굽 여정은 정치적, 윤리적 차원을 넘어서서 깊은 영성 적이면서 신비적이다. 첫 번째로 우리는 세계의 중심인 하나님의 보좌 앞에 예배단계로 들어가는데, 이는 다른 말로 어린양의 생명과 구원의 보좌가 된다. 두 번째로 이 세상이라는 집으로 돌아오는 단계로서, 이 때 우리는 세상을 바로 보는 우리의 관점이 변한다. 즉 어린양의 희생의 정신으로 이 세상을 보살피고 지켜나가는 단계로서 또 하나의 다른 영성적인 여정인 것이다.

신비적인 여정 "내재적인"

초대 기독교인은 그 당시 중심적인 사회계층이 아니라 주변계층이었고, 우리는 그들이 어떤 장소에서 예배했는지 조차 알 수가 없다. 고고학적 증거들조차 주 후 4-5세기경까지는 거의 역사적 사실을 제공해주지 않고 있다. 아마도 1세기 기독교인들은 자신들의 집에서 만남을 가졌고 예배한 것 같다.

우리에게 한 가지 흥미로운 자료가 있는데, 그것은 요한묵시록의 일곱 도시의 교회들은 그들의 예배장소를 로마의 정부 관리자로부터 제공받았다는 것이다. 그 정부 관리자는 로마의 황제에게 편지를 보냈는데, 그 내용은 어떻게 하면 점점 성장하는 기독교라는 교파를 취급해야 할지를 묻는 편지였다는 것이다. 주 후 120년 경 정부관리자 플리니(Pliny)의 편지는 약 요한묵시록이 기록된 한 세기정도 후대의 것으로서 요한묵시록의 상황을 정확성을 제공하는 귀중한 자료로 여겨진다. 이 편지는 당시 기독교인들이 어떤 정치적인 위협 속에 있었는지를 보여준다. 플리니는 기독교인들에 대해서 들었던 소문들에 기초하여 고도의 이해력으로 황

제에게 편지를 보냈다:

> 새벽의 동이 트기 전 이른 어느 날 아침 그들은 습관처럼 한 저리에 모였고 그들의 신인 예수에게 찬양의 노래를 불렀습니다. 그리고 그들은 스스로 그 어떤 범죄행위를 하지 않겠다고 맹세하였습니다. 그들은 각자 자기 길로 흩어져 가더니 다시 그 자리에 모여들었고 함께 음식을 나누었습니다(Letters of Pliny the Younger 10.96; trans. Eugene Boring, *Revelation,* Interpretation [Louisville, Ken.: John Knox Press, 1989], 14-15).

이처럼 플리니의 편지로부터 초대교회 교인들이 어떻게 모였는지 조금 엿볼 수 있다. 그리고 그의 편지는 우리가 아는 요한묵시록의 교인들이 당면했던 정치적인 위협들과 그리고 예배가 중심적인 역할을 했다는 것을 확정해 주기도 한다. 그들은 예배를 "주님의 날"(요한묵시록 1:10)에 드렸다. 그러나 당시 로마제국에서 일요일은 일을 하는 날이었다. 기독교인들은 아침 일찍 예배를 모였다. 그런 후에 그들은 각자 흩어졌고 저녁에 다시 주님의 만찬/성만찬을 하기 위해서 모여들었다.

당시 기독교인들은 과연 무엇을 하는 사람들이었을까? 그들은 아마도 다양한 공동체를 형성한 사람들로서 많은 언어를 사용한 사람들로 구성된 공동체였던 걸로 보인다. 헬라어가 그들의 모국어가 아니었던 사람, 그들 대부분은 로마 시민이 아니었던 것 같다. 쿠바출신 미국인 후스토 곤잘레스(Justo Gonzales)는 요한묵시록의 다 문화 관점을 강조하는 혼혈문학(mestizo)에 비유한다.[2] 그들은 유대인 기독교인(이들은 아마도 팔레스타인 전쟁 이후 그 지역으로 피난을 간 사람들로 추정된다)과 그 지역의 이방인 기독교인이 혼합된 다 인종 공동체를 형성하였다. 인종과 언어가 다르지만 이들은 일요일 저녁에 다 함께 모여 진실한 마음으로 다음과 같이 고백하였다: "우리 공동체는 예수께서 세우신 것으로서 이 세상 제국에 대안적인 공동체다."[3]

사람들은 에베소에 위치한 작은 집에 저녁 무렵에 도착한다. 그들 중 몇몇 사람들은 에베소 항구에서 노예처럼 일하는 사람도 있었을 것이고, 몇몇 사람들은 시장에 험한 일을 하는 사람들도 있었을 것이다. 다른 한편으로는 부자도 그 중 몇몇 포함되었을 수도 있었을 것이지만, 대부분은 가난한 사람들로 구성되었던 것이 초대교회였다. 그들은 어린양과 하나님께 기도와 찬양을 드리기 위해서 모여들었었다. 그들의 모임을 한마디로 성격화하자면, 그들은 아마도 이 세상의 제도와 로마제국을 대신할 수 있는 대안적 나라로 하나님 나라를 희망한 공동체였던 것으로 보인다.

저녁예배가 마치면서 그 공동체는 요한이 요한묵시록에서 펼치는 놀라운 여정으로 그들을 초청한다. 이 여정은 영적인 여정으로서 어린양과 하나님의 보좌로 그들을 인도하는 예언적인 말씀이었을 것이다.

요한의 편지에서 그들은 신실한 소명을 가지게 되었을 것이다. 그들은 요한의 편지로부터 로마제국의 유혹에 대항하여 새로운 공동체를 이루어 나갈 용기와 힘을 얻었을 것이다. 그들은 "그들이 이 세상을 지배할 것이다"라는 희망의 메시지를 들었을 것이다. 그들은 이 여정에서 하나님의 보좌 앞에서 찬양하는 새로운 창조공동체를 체험하지만, 그들의 신비적인 여정은 "내재적인"것이었다. 이는 루시(Luch)의 뉴 나니아(New Narnia)로의 여정과 같은 것이었는데, 그녀는 『마지막 전쟁』(The Last Battle)에서 에베소의 기독교인들은 우주의 한 가운데, 즉 세상의 한 중심으로, 하나님의 가슴 한 가운데로 들어가는 여정을 경험하고 있었다고 주장한다.[4]

그들은 보좌의 한 가운데서 그들을 생명의 샘으로 인도하는 예수와 어린양을 본다. 그들은 하나님의 사랑스러운 도시를 보는데 그 도시는 현실에 존재하는 도시가 아니라, 하나의 희망의 도시로서 세상을 치유하고 새롭게 하는 도시다. 로마제국의 그늘아래서 불의와 무력한 현실에도 불구하고, 요한묵시록은 하나님의 사람들을 이 아름다운 도시로 안내하면서 로마시민이 아니라, 이 희망의 도시의 시민으로서 그들을 인정해주고 위로해 주고 있는 것이다. 그들은 하루의 지친 일과를 마무리한다. 그리고 요한묵시록이 안내하는 희망과 위로의 여정을 통해서 안식을 누린다.

요한묵시록이 가지고 있었던 힘이 바로 이러한 것이었을 것이다. 로마제국의 불의한 사회시스템과 체제 속에서 희망을 접고 살았던 사람들에게 힘과 용기, 그리고 하나님이 준비한 아름다운 도시로 인도함을 받는 참으로 놀라운 여정이 아닐 수 없다. 요한묵시록 21-22장은 지금까지 이 도시를 그 누구도 가 보지는 못했지만, 1세기 기독교인들 모두가 갈망하였던 하나님의 사랑스러운 도시로 묘사하고 있다:

> [새 예루살렘] 일곱 천사가 마지막 때에... 나에게로 와서 말하기를 "이리 오너라, 어린양의 아내인 신부를 너에게 보여주겠다" 하고 나를 성령으로 휩싸서 높고 큰 산으로 데리고 가서, 하나님께로부터 하늘에서 내려오는 거룩한 도시 예루살렘을 보여 주었습니다. 그 도시는 하나님의 영광에 싸였고, 그 빛은 지극히 귀한 보석과 같고, 수정과 같이 맑은 백옥과 같았습니다(요한묵시록 21:9-11).

성서에서 종종 하늘의 예루살렘은 종종 어머니나 신부로 의인화된다. 요한의 교회에서 유대기독교인들은 예언자 이사야나 다른 묵시록에서 전하는 하늘의 도시 예언을 잘 알고 있었는지도 모른다. 바울조차도 이러한 믿음을 가진 것 같다: "하늘에 있는 예루살렘은 종이 아닌 여자이며, 우리의 어머니입니다(갈라디아서 4:26). 특별히 주 후 70년 예루살렘이 파괴된 이후, 이런 하늘의 예루살렘 사상은 유대인과 기독교인들에게 널리 퍼졌다.

그러나 다른 고대문헌과 다른 요한묵시록의 독특한 사상은 이 하늘의 예루살렘이 하늘에 그냥 머물러 있지 않고, 이 땅으로 내려온다는 것이다. 하늘에서 이 땅 아래로 강림하는 새 예루살렘은 그 광채가 진귀한 보석과 같이 아름답다. 『오즈의 마법사』(The Wizard of Oz)에서 도로시(Dorothy)와 그녀의 친구들은 온갖 역경을 딛고 그 여정 마지막에 에메랄드 도시에 도착한다. 이 도시는 요한의 묵시록을 통해서 초대 기독교인들이 반드시 경험했을 만한 것이었는지도 모른다. 이 아름다운 도시는 이 세상의 것과는 다른 세상, 즉 하나님이 통치하시는 나라였을 것이다.

바로 이 나라로 하나님은 우리를 초청하고 계신다. 즉 세상을 치유하시는 아름다운 하나님의 도시로 우리를 인도하고 계신다. 에메랄드와 아름다운 보석으로 장식된 아름다운 도시를 바라보면서, 우리는 그곳으로 들어가기를 소망한다. 그곳에서 하나님과 어린양을 대면하기를 갈망한다.

당신이 요한묵시록 21장과 22장을 읽어가면서 마음속으로 상상할 것이다. 당신은 이 도시로 향해 열려진 대문과 아름답게 펼쳐진 대로를 상상해 보라! 당신은 하나님에게는 정말로 사랑스러운 존재이기에 죽음을 두려워하거나, 경제적 어려움을 걱정하거나, 그리고 억압을 무서워 할 필요가 없다. 이 희망의 대문 앞에서 축배를 들어라. 오늘날 당신을 억압하는 제국과 불의를 결박하고 승리의 도시로 들어가라. 바로 이런 환희와 기쁨이 1세기의 기독교인들의 비전에 있었고, 그리고 오늘 이 시대를 살아가는 우리들에게도 있는 것이다. 이 아름다운 새 예루살렘 도시 비전이야말로 요한묵시록에 등장하는 모든 하나님의 약속이 성취되는 순간이다.

전복된 휴거: 이 땅에 거하시는 하나님

세대주의 종말론의 주장과는 달리, 요한묵시록 그 어느 곳에서도 휴거는 발견할 수 없다. 한번 이렇게 이 문제를 살펴보자: 하나님이 사람들을 잡아채어 하늘이 아니라, 땅 아래로 내던지셨고 그리고 하나님이 친히 이 땅으로 내려 오셔서 우리와 함께 거하신다—휴거가 전복된 것이다.

> 나는 또 거룩한 새 도시 예루살렘이 남편을 위하여 단장한 신부와 같이 차리고, 하나님께로부터 하늘에서 내려오는 것을 보았습니다. 그때에 나는 보좌에서 큰 음성이 울려 나오는 것을 들었습니다. "보아라! 하나님의 집이 사람들 가운데 있다. 하나님께서 그들과 함께 계실 것이요, 그들은 하나님의 백성이 될 것이다(요한묵시록 21:2-3).

"하늘"이라는 단어는 요한묵시록 21:2이후에 더 이상 나오지 않는다. 이는 하나님의 보좌가 하늘에서 땅으로 옮겨졌다는 것을 의미한다. 요한묵시록 21장과 22장의 새 예루살렘 비전은 우리 시대에 하늘이 아니라 땅에 관심을 두고 이 세상에 희망을 두게끔 하는 놀라운 비전이다. 그리고 이것은 우리의 미래에 관한 희망의 비전이다. 그러나 근본주의 기독교인들은 이 땅에 희망과 비전을 두는 게 아니라 "하늘"에 희망을 두고 이 세상을 저버리는 신앙을 가진다. 이들에게 혹시 가능하다면, 하나님이 이 세상에 함께 거하신다는 의미는 자본주의의 상징인 번창하는 도시의 이미지를 떠올릴 것이다.5

"거하신다"라는 단어는 요한복음서에서 예수가 이 땅에 성육신 하셨다는 것을 묘사하는데 사용된 단어이기도 하다: "말씀이 육신이 되어 우리 가운데 거하셨다." 성서 전체의 메시지가 바로 이 성육신의 신학을 말하고 있다고 해도 과언이 아니다. 마태복음은 이 신학에 기초하여서 예수의 이름을 "임마누엘"—히브리어로 그 의미는 "하나님이 우리와 함께 하신다"—이라고 명명하고 있다. 요한묵시록도 이러한 신학의 메시지를 전하고 있다. 하나님의 집은 더 이상 하늘이 아니다.

하나님이 이 세상에 거하신다는 약속은 천년이라는 긴 미래에 일어날 사건으로 예약해둔 것이 아니다. 세대주의 종말론의 성서해석은 하나님의 새 예루살렘 비전이 큰 대 재앙과 함께 이루어진다고 믿는다 [이러한 묵시해석은 자연재해에 대한 근본적 문제해결을 가져오지 못할 뿐 아니라, 오히려 자연재해를 방관하고 더 나아가서 자연재해의 책임을 신과 자연에게 돌리는 어리석음을 되풀이하게 한다]. 세대주의 종말론은 새 예루살렘 비전이 성취되기 이전에 발생할 시간표를 다음과 같이 나열하고 있다: 휴거 → 7년 대 환난 → 천년왕국 → 최후심판 → 새 예루살렘.

그러나 성서적인 묵시해석은 이런 괴상한 시간표를 그리고 있지 않다. 요한묵시록은 우리에게 비전이나 희망을 보여주는 책이지 미래의 사건을 연대기적으로 보여주는 점성예언서가 아니다. 하나님과 어린양의 통치는 이미 시작되었다. "세상의 나라는 우리 주님의 것이 되고, 그리스도의 것이 되었다. 주께서 영원히 다스릴 것이다"라고 요한묵시록 11장 15절 우리에게 전하고 있다. 예수는 이미 세상의 왕들을 다스리시는 왕이시다. 이는 요한묵시록 1장에서 예수의 모습을 "땅 위의 모든 왕들의 지배자이신"(요한묵시록 1:5)으로 설명하는 부분에서도 뚜렷이 드러난다. 현재 그리스도의 이 세상에 대한 통치가 완전히 실현되지는 않았지만, 하나님은 적어도 지금 어렴풋이 그의 통치를 보여주고 계시고 있다.

하나님의 사람들은 하나님의 통치가 "이미 이루어진"과 "그러나 아직은 아닌" 이 둘 사이의 긴장 속에서 항상 살아간다. 요한묵시록은 바로 이 긴장을 말하고 있다. 요한묵시록의 새 예루살렘 비전은 현실의 실재와 미래의 희망을 동시에 제공하고 있다. 하나님의 시간개념은 줄자로 시간표를 만들어 내는 개념으로 이해되지 않는다. 우리가 이 책에서 보는 것은 하나님이 과거와 현재 그리고 미래를 자신의 넓은 품으로 껴안고 다음과 같이 선포하시는 말씀 외에 그 어떤 것도 아니다: "또 나에게 말씀하셨습니다. 다 이루었도다. 나는 알파와 오메가, 처음과 마지막이다. 목마른 사람에게는 내가 생명의 샘물을 거저 마시게 하겠다"(요한묵시록 21:6). 요한묵시록은 지금 일어나는 하나님의 시간에 우리를 초청하고 있으면서, 하나님이 보여주시는 비전으로 오늘을 살아갈 것을 권유하고 있다.

마틴 루터 킹 목사님의 생애 마지막 설교가운데 하나가 바로 이 새 예루살렘 비전이었다. 이 설교에서 킹 목사님은 새 예루살렘은 현재와 미래의 실재로서 정의를 위한 놀라운 비전임을 설교하셨다. 그리고 우리는 오늘 지금 함께 이 비전에 동참하도록 부름을 받은 사람임을 역설하셨다: "하나님 요한을 우리들에게 주심을 감사합니다. 요한은 우리보다 수세기 앞서 벗모라는 섬에서 외로움을 경험한 분이십니다. 그가 본 새 예루살렘 비전은 하나님께서 이 땅으로 내려오시는 놀라운 사건입니다. 그리고 그가 이 비전에서 들은 하나님의 음성은, 보라, 내가 모든 것을 새롭게 하겠다. 이전 것들은 다 지나갔다. 하나님은 우리들에게 이 새로움에 동참하기를 허락하셨다. 만일 우리가 이 새로움이 동참할 수 있다면, 아니 동참해야 한다. 그리고 우리는 정의와 형제애와 평화의 새날을 가져올 것이다. 그러면 아마 바로 그 날 아침 별들도 함께 이 새날을 노래할 것이다."[6]

그 도시로의 여행

우리는 천사의 안내로 새 예루살렘의 새로움의 세계로 여행을 떠난다. 요한묵시록은 이 여행으로 그 마지막을 장식하는데, 이 여정의 끝에 우리는 우리의 마음과 삶을 변화를 맛보게 될 것이다. 요한묵시록 21장과 22장에서 보여주는 이 도시는 어떤 모습일까? 천사는 이 도시의 아름다움을 보여주는데, 놀랍게도 하나님이 그곳에 계시는 도시를 그리고 있다. 그곳에는 성전은 없고, 다만 전체 도시가 거룩함 그 자체다. 하나님과 어린양 자체가 도시의 빛이자 성전인 것이다.

> 나는 그 안에서 성전을 볼 수가 없었습니다. 그것은 전능하신 주 하나님과 어린양이 그 도시의 성전이기 때문입니다. 그 도시에는 해와 달이 비출 필요가 없습니다. 그것은 하나님의 영광이 그 도성을 밝혀주며, 어린양이 그 도성의 등불이기 때문입니다(요한묵시록 21:22-23).

고대세계의 도시처럼 이 도시도 역시 성벽들이 둘러싸여 있는데, 이 성벽들은 사람들의 출입을 통제하는 성벽이 아니다. 왜냐하면 12개의 대문이 항상 열려있기 때문이다.

> 그 도시에는 밤이 없으므로, 온종일 대문을 닫지 않을 것입니다. 그리고 사람들은 민족들의 영광과 영예를 그 도시로 들여올 것입니다(요한묵시록 21:25-26).

새 예루살렘은 모든 사람을 환영하는 열려있는 도시다. 이는 오늘날 우리들의 시대에 이민자와 외국인에게 어떠한 태도를 취해야 하는지를 보여주는 하나의 상징적인 측면이기도 하다. 그 성벽들은 아름다운 보석과 찬란한 빛으로 휘감고 있다. 이 도시는 과히 하나의 전체로서 전 세계의 아름다운 모습을 그리고 있다고 해도 과언이 아니다. 사실 12개의 문은 성서의 12족속과 12제자를 상징하는데, 이는 이 도시가 처음엔 이스라엘에 기초하여 세워졌지만, 전 세계와 전 민족을 향해 열려있는 하나님의 새 도시임을 상징적으로 보여주고 있다는데 그 의의가 있다.

한 가지 주목할 것이 있는데, 그것은 이 도시로 들어오지 못하는 그 무언가가 있다는 것이다. 그것은 다름이 아닌, [로마의] 옛 체제와 질서로서 제국의 폭력과 불의, 그리고 억압과 같은 악은 절대로 그 도시로 들어가지 못한다. 특별히 요한묵시록은 "더 이상은 아님"이라는 구를 강조하면서 하나님의 새로운 도시에 들어가지 못하는 불법적인 바벨론/로마의 경제구조를 비판하고 있다: "다시는 죽음이 없고 슬픔도 부르짖음도 고통도 없을 것이다. 이전 것들이 다 사라져 버렸기 때문이다"(요한묵시록 21:4). 그리고 하나님은 이 도시에 거주하는 사람들의 눈물을 닦아주실 것이다. 요한묵시록 21장 8절과 21장 27절에 나오는 위협들은 그 긴박한 상황을 잘 드러내고 있는데, 여기서 우리는 예언적인 목소리를 들을 수 있다. 이미 앞에서 주장한대로, 이러한 위협들은 신실한 사람들을 권고하기 위한 것이 그 목적이지 어떤 예보나 예언을 보여주는데 있지 않는다는 것이다. 요한묵시록은 우리로 하여금 짐승의 삶과 어린양의 삶 둘 중하나를 선택하기를 종용하고 있다. 우리는 짐승의 삶인 억압, 착취, 그리고 불의를 떠나서 하나님의 새 도시에 동참하여 어린양의 생명의 책에 우리의 이름이 기록되는 영광을 받는 새 예루살렘의 시민이다.

생명의 강

하나님이 그려놓은 심오한 그림 속으로의 여정은 계속된다. 도시의 한

가운데서 물과 초록이 울창한 파라다이스는 그 모습을 활짝 드러낸다. 생명의 강이 도시를 가로지르며, 모든 것들에 생명을 부여한다. 당신의 삶에서 보았던 가장 아름다웠던 강을 상상해 보라! 그러나 생명의 강이 흐르는 이 도시는 아마 지금까지 한 번도 경험해 보지 못했던 것일 것이다. 그 생명의 강이 요한묵시록의 비전에서 펼쳐진다. 이 강은 피곤하고 목마른 모든 사람들에게 용기와 희망을 수여하는 축복의 샘물이다. 당신은 바로 이 놀라운 강변으로 초대를 받는다.

내가 가장 좋아하는 예언서는 에스겔인데, 에스겔 예언자는 성전으로부터 흘러나오는 수심이 깊은 생명의 강을 보여주고 있다. 에스겔이 보여주는 강도 정말 아름다운데, 강 주위에 울창한 나무가 길게 늘어 서 있고, 살아서 펄쩍펄쩍 뛰는 물고기와, 그리고 그 강물에 손을 대는 모든 사람이 치유함을 받는다.[7] 요한묵시록은 바로 이 놀라운 생명의 강을 되풀이하듯 강조하고 있으며, 더 나아가서 생명의 강을 더욱 확장시킨다:

> 천사는 또 수정과 같이 빛나는 생명의 강을 내게 보여 주었습니다. 그 강은 하나님의 보좌와 어린양의 보좌로부터 흘러 나와서, 도시의 넓은 거리 한 가운데를 흘렀습니다. 강 양쪽에는 열두 종류의 열매를 맺는 생명나무가 있어서, 달마다 열매를 내고 그 나뭇잎은 민족들을 치료하는데 쓰입니다(요한묵시록 22:1-2).

새 예루살렘에는 물이 풍부하다. 그 물은 "값없이" 모든 목마른 사람들이 갈증을 해소할 수 있는 생명의 물이다. 하나님은 두 번이나 이 생명의 물을 값없이 마실 것을 초대하신다. 이는 하나님께로부터 오는 값진 선물이다. 이 값진 선물의 약속은 요한묵시록 22장에서 다시 반복되어 나오고 있다: "성령과 신부가 '오십시오'하고 말씀하십니다. 이 말을 듣고 오는 사람도 또한 '오십시오'하고 외칩니다. 목이 마른 사람도 오십시오.

생명의 물을 원하는 사람도 거저 마시십시오"(요한묵시록 22:17; 요한묵시록 21:6). 이 놀라운 초대는 예언자 이사야를 연상케 한다: "너희 목마른 사람들아! 어서 물로 나오너라. 돈이 없는 사람도 오너라. 너희는 와서 먹되, 돈도 내지 말고 값도 지불하지 말고 포도주와 젖을 사거라"(이사야 55:1).

왜 성서는 "값없이"라는 말을 계속 반복할까? 왜냐하면 요한묵시록은 가난한 사람은 목숨을 위한 기본적인 것조차 살 돈이 없다는 것을 잘 알고 있었기 때문이다. 요한묵시록의 비전은 모든 사람들을 위한 것이다. 이 생명의 강은 영적인 강이기도 하지만, 영적인 차원을 넘어서서 실제로 세상에 생명을 부여하는 실질적인 강물이기도 하다.[8] 값없이 생명을 부여하는 물을 하나님이 주신다는 것은 하나의 복된 소식으로 이해될 수 있다. 새 예루살렘은 바벨론의 착취적인 경제에 반대하여 치유하고 생명을 부여하는 경제를 값없이 준다는데 그 의의가 있다.

이 생명의 도시는 착취와 생태학적 불의의 경제로 성격화될 수 있는 바벨론/로마의 폭력과 상반된다. 요한묵시록의 비전이 "생명의 샘물"로의 초대하는 것은 재앙의 결과로 피와 섞은 물로 변한 "죽음의 샘물"과 대조됨을 보여준다(요한묵시록 16:4). 파라다이스와 같은 자연의 이미지는 거대한 도시의 전경을 새 에덴동산으로 재창조하고자 하는 희망이다. 새 예루살렘은 바벨론/로마의 공포를 겪은 사람들에게 오아시스와 같은 장소다. 바로 이곳 새 예루살렘에서 하나님, 인간, 그리고 자연이 서로 조화를 이루는 이미지는 가히 요한묵시록의 절정이라고 할 수 있다.[9]

요한묵시록의 생명의 강은 에덴동산을 가로지는 강과 성서전체를 통해서 흐르고 있는 강들을 연상케 한다. 이 강들은 영적인 강들로서 에스겔서에는 성전에서 흘러나오는 심오한 강으로, 스가랴에서는 유유히 흐르는 기반으로서, 그리고 시편 46편에서는 하나님의 성을 즐겁게 하는 강물로 합류한다: "강 하나가, 그 강의 물줄기들이 하나님의 성을 즐겁게 하며, 가장 높으신 분의 거룩한 처소를 즐겁게 하는구나"(시편 46:4). 이 생명의 물은 예수의 말씀 중, "목마른 사람은 다 나에게 와서 마셔라"라는 약속은 바로 이 성서의 강줄기들을 하나로 합류한 결과라고 할 수 있다.[10]

상처를 치유하는 생명의 나무

당신은 하나님의 생명의 강변에서 과연 또 어떤 희망을 가져보는가? 생명의 강둑에 무성하게 자란 생명나무를 한번 그려보자. 이 생명의 나무 또한 요한묵시록의 메시지를 전해주는 것으로서, 생명나무는 에베소 교회의 "승리자"에게 주어진 약속이면서 동시에 요한묵시록의 마지막 경고를 마감하는 비전이다. 이처럼 생명나무는 요한묵시록 전체를 구성하는 하나의 요소다. 요한묵시록은 당신에게 이 생명나무의 그림자 아래서 편안한 휴식을 취하기를 요청하며 그 나무의 열매를 따먹도록 허락한다.

생명나무의 가지와 줄기를 한번 쳐다보아라! 그 열매를 따먹을 수 있는가? 손이 그 열매에 닿을 수 있는가? 이러한 질문들을 매우 중요한 의미를 가지고 있는데, 그 이유는 창세기서는 인간의 접근이 금지된 생명나무를 소개하고 있기 때문이다. 요한묵시록은 과감히 이 접근금지 명령을 제거한다. 에베소 교회의 하나님의 백성들은 생명나무의 열매를 먹을 수 있는데, 이 생명나무의 약속은 사실 에덴동산의 나무보다 더 값진 것으로 여겨진다: "이기는 사람에게는 내가 하나님의 낙원에 있는 생명의 나무를 주어서 먹게 하겠다"(요한묵시록 2:7).

끊임없이 1세기 가난한 사람들의 마음속에 떠오르는 생명나무의 열매를 상상해 보라! 가난한 농부를 착취하고 기근과 굶주림으로 성격화되는 바벨론/로마의 경제법칙과 달리 하나님의 도시는 모든 사람들에게 평등하게 밥을 제공해 준다.

요한묵시록은 이 생명나무의 잎사귀들이 의약품이라고 소개한다. 헬라어의 "테라페이아"(therapeia)는 바벨론/로마제국이 세상을 오염시킨다는 의미의 유독성 약품이라는 뜻을 가진 헬라어 단어인 "파마케이아"(pharmakeia)와는 다른 말로서, 모든 민족을 치료하는 생명의 약을 의미한다. 생명나무의 치유의 잎사귀는 고대인들의 삶 속에서 실제로 민간으로 전해지는 약초나 약 나무를 의미하는 것 같다. 세계의 많은 다른 나라들에서도 이러한 민간의 약 나무들이 존재하고 있는 것을 보면, 이 해석도 타당한 것 같다.[11] 생명나무의 의미가 문자적이든지 혹은 영적이든지, 이 생명나무가 상징하는 것은 세상을 치유한다는 것이다. 이것이야말로 요한묵시록의 메시지 중 가장 핵심적인 것이다. 즉 하나님은 이 상처받고 일그러진 세상을 고치고 보살피고 계신다는 것이다.

당신의 상처는 무엇인가? 내가 생각하는 가장 끔찍한 우리 인류의 상처는 바로 환경의 파괴가 아닐까 생각한다. 내가 꿈꾸는 생명나무의 치료는 다름이 아니라 찢기고 파괴된 우리의 자연이 하나님의 보살핌으로 다시 치유되고 회복되는 것이다.

요한묵시록은 우리를 상처받은 지구와 세계를 치유하는 현장으로 초대한다. 생명의 나무는 이렇게 하여 요한묵시록에서 가장 아름다운 치유의 비전을 만든다. 앞에서 잠시 이야기를 나눈 베들레헴의 간호사의 이야기가 다시 내 뇌리를 스친다. 그 간호사의 사랑스러운 보살핌과 치유의 헌신처럼 생명나무의 부드럽고 감미로운 잎사귀는 상처부위를 감싸면서 죽임이 아니라 살리는 일들을 하고 있는 것이다. 더 나아가서 생명나무의 잎사귀는 상처받은 관계, 가족, 공동체, 나라, 그리고 기후온난화로 상처투성이가 된 지구를 회복시키고 치유하고 있다. 시인 조지 멕도날드(George McDonald)는 기도하고 싶은 그의 마음을 하나님의 치유하고 싶어하는 마음이 마치 나비처럼 자신의 마음에 살며시 내려앉은 잎사귀와 같은 이미지로 설명하고 있다:

> 때때로, 기도할 수 없는 힘든 시간이 올 때가 있다... 하지만 반쯤 깃털로 덮은 기도는—둥지가 떨어지고, 날개 치며 훨훨 날다가, 다시 사뿐히 제자리에 앉는다—나뭇잎이 무성한 넓은 젖가슴에 쭈그려 앉는다. 이 나뭇잎은 온 나라를 치유하는 생명의 나무가 된다. 그리고 잎사귀가 살며시 나에게 와서 눕는다(George Mcdonald, *Diary of An Old Soul; quoted in Diary of An Old Soul: 366 Writings for Devotional Reflection* [Minneapolis, Minn.: Fortress Press, 1994], entry for January 14).

치유의 생명나무는 하나님이나 어린양으로부터 직접 오지 않는다. 오늘날 우리가 살아가는 이 자연세계로부터, 살아있는 잎사귀의 왕성한 운동으로부터 온다. 이는 바로 하나님이 이 세상을 얼마나 사랑하고 계신지를 보여주는 상징이다. 이는 결코 세대주의 종말론이 바라보는 세계관과는 전적으로 다르다.

요한묵시록은 하나님의 치유가 개인적인 것이 아니라 전 세계적인 것임을 보여준다. 요한묵시록의 생명나무는 구약성서 에스겔서 47장의 생명나무를 그 원형으로 삼은 것 같다. 그러나 한 가지 주목해야 할 요한묵시록의 독특함은 바로 이 치유의 생명나무가 에스겔처럼 이스라엘에만 국한되어 있지 않고, 온 세계와 온 민족으로 확장되어 온 세상을 치유한다는 것에 있다. 세대주의 종말론의 복음서인 소설 『남겨진 자』

(Left Behind)와는 달리, 하나님은 세상을 파괴하는 파괴자가 아니라 치유하고 보살피는 간호사다.

치유의 나라 나누기

이 도시로의 여정은 우리 모두가 하나님의 사랑스러운 종이라는 은혜의 말로 결론을 맺는다:

> 다시 저주를 받는 일이라고는 아무것도 그 도시에 없을 것입니다. 하나님과 어린양의 보좌가 도시 안에 있고, 그분의 종들이 그분을 예배하며, 하나님의 얼굴을 뵐 것입니다. 그들의 이마에는 그들의 이름이 적혀있고, 다시는 밤이 없고, 등불이나 햇불이 필요 없습니다. 그것은 주 하나님께서 그들을 비추시기 때문입니다. 그들은 영원무궁하도록 다스릴 것입니다(요한묵시록 22:3-5).

요한묵시록은 하나님의 종이나 노예들이 영원히 다스린다고 선포한다. 마치 예전 마거릿 광고에서처럼 아침 토스트에 마거릿을 부렸을 때, 왕관이 갑자기 우리 머리 위에 올라오듯이, 우리는 하나님이 다스리는 나라에서 왕이자 왕비다.

로마가 전 세계를 다스린다고 승승장구 할 무렵, 요한묵시록은 용감하게도 로마가 아니라 하나님과 어린양이 이 세상을 다스린다고 선포한다. 세상은 그 어떤 제국이나 강대국이 다스리는 것이 아니라 하나님의 종이나 노예들이 다스린다는 것이다. 에베소는 노예무역의 중심적인 도시로서 초대기독교인들은 이 도시에서 노예였던 것으로 보인다. 왜냐하면 당시 로마제국 전체인구의 약 30%이상이 노예였기 때문이다. 이런 상황에서 요한은 노예들도 세상을 지배할 수 있다는 아주 획기적인 선언을 한 것이다. 가장 힘없는 노예들에게 요한의 이러한 약속은 그들의 삶에 얼마나 큰 힘과 용기를 주었을까! 이와 마찬가지로, 요한묵시록의 메시지는 오늘날 가장 힘없고 나약한 사람들에게 희망과 용기를 제공해주고 있다.

그러나 하나님의 종들의 지배와 힘은 그 어떤 누구를 지배하거나 종속시키는 지배가 아니다. 바로 이 요한묵시록의 메시지는 우리로 하여금 어떻게 우리의 힘과 재력을 나누어야 하는지 심각하게 고민하게 하는 구절이다.

새 예루살렘에서 하나님은 우리에게 아름다운 비전을 보여주고 계신다. 그리고 우리는 그 나라의 상속자들이다: "이기는 사람들은 이것들을 [새 예루살렘, 즉 치유의 나라] 상속으로 받을 것이고, 나는 그의 하나님이 되고, 그는 내 자녀가 될 것이다"(요한묵시록 21:7). 천사가 여정에서 보여준 모든 아름다운 것들, 즉 놀라운 생명의 강물과 생명의 나무는 우리가 장차 받을 상속들이다.

우리는 비폭력적인 어린양의 힘과 증언으로 세상을 "정복하였다." 짐승들, 즉 바벨론/로마제국은 신성한 하나님의 법정에서 재판을 받았다. 이제 하나님은 우리를 이 아름다운 새 도시로 초대하여 우리에게 생명의 강과 나무를 상속하여 주신다. 정말로 복된 소식은 우리가 이미 이 하나님의 비전을 맛보고 있다는 것이다. 우리도 어린양이 가신 비폭력의 길처럼 평화와 사랑의 길을 걸어가야 한다. 하나님의 새로운 세상으로 모두 오라!

11

바깥세상으로 향하는 여정: 세상으로 돌아오기 (Homecoming to the World)

자, 새 도시로의 여정은 이제 다 끝났다. 천사는 사랑스러운 도시의 아름다움과 이 도시의 찬란한 비전을 다 보여 주었다. 요한묵시록 21장과 22장에서 초대하고 있는 이 신비로운 여정은 우리의 출애굽 여정의 그 첫 발을 딛는 것이다.

하나님은 아주 심오하고 놀라운 방식으로 어린양이 이미 우리 가운데 계시고, 그리고 세상을 새롭게 치유할 목적으로 어린양의 보좌로부터 오시고 계신다는 것을 보여주고 계신다. 모든 것이 새롭게 된다.

세대주의 종말론은 요한묵시록의 새 예루살렘 비전을 먼 미래의 사건으로 넘겨 버린다. 그들에 다르면, 현재와 미래 중간 어떤 시간에 새 예루살렘이 등장하는데, 그러면 한 전형적 목가적인 파라다이스가 생길 것이라고 한다. 바로 이곳이 페트라(Petra)의 붉은 바위도시에 다시 태어난 (born-again) 유대인들을 위한 것이다. 성서에서 페트라는 에돔(Edom) 사람의 땅으로서 오늘날 요르단 지역의 한 도시를 의미한다. 소설 『남겨진 자』(Left Behind)에서 적 그리스도의 폭격과 미사일 공격은 결코 다시 태어난 기독교인 유대인들을 해칠 수 없다고 한다. 바로 이 땅 페트라에서 레이포드(Rayford)의 헬리콥터는 소나기처럼 퍼붓는 총탄공격이 있음에도 불구하고 기적과 같은 이착륙을 시도한다. 소설 『남겨진 자』의 이 부분을 읽는 어떤 독자들은 이 피난처를 구약성서의 하늘에서부터 내려오는 만나(manna)와 동일시한다. 소설 『남겨진 자』에서 다시 태어난(born-again) 기독교인들은 바로 이곳 페트라(Petra)에 거대한 정보시스템 망을 구축한다고 한다.

그러나 성서 그 어느 부분에서도 페트라의 위와 같은 지형적인 특성을 이야기하고 있지 않는다. 나는 페트라를 방문하고 싶다. 왜냐하면 이 도시는 정말 신비스러운 고대 도시 중 하나이기 때문이다. 하지만 하나님의 새 예루살렘에서 보여주는 아름다운 비전과 우리의 안전을 위해서 우리가 굳이 하나의 "특별한 장소"를 찾아 갈 필요가 있을까? 새 예루살렘에서 보여주는 비전을 오히려 모든 사람 그리고 모든 장소에 해당하는 범 우주적인 비전이다. 요한묵시록의 새 예루살렘 비전은 오늘 우리가 사는 우리의 공동체에서 이루어지는 것이기에, 이는 우리가 집 밖의 그 어떤 환상의 장소로 우리의 삶의 자리를 옮기는 것이 아니라, 우리의 집에서 펼쳐지는 제2의 출애굽이다.

예배의 신비적인 여정

새 예루살렘의 "아하!"(Aha)하는 감탄의 신비로운 여정은 당신의 삶에서 다양한 방식으로 일어날 수 있다. 자연이라는 방식으로 보자면, 당신이 산과 개울의 아름다움을 주시할 때 이 비전은 당신을 하나님의 강변으로 옮긴다. 음악이라는 방식으로 보자면, 이 비전은 당신을 하나님의 합창단으로 옮긴다. 또는 다른 그 어떤 방식으로 이 비전은 당신을 삶의 바깥여정으로 인도한다. 우리의 일상이 거룩함으로 성화 되는 경험, 바로 그것이 새 예루살렘 비전이 인도하는 신비의 여정이다. 작가 에니 딜라드(Annie Dillard)는 이 어른거리는 성스러움을 "빛이 어른거리는 나무를 보는 것"이라고 표현하였다.[1] 우리가 살아가는 이 세상은 성스럽고 신비로 가득 차 있다. 딜라드가 표현한 것처럼 요한묵시록은 이처럼 "아하"하며 어렴풋이 관조하는 하나님의 그림을 그리고 있다. 요한묵시록은 전 세계를 성스러운 신성한 것으로 보게끔 안내하고 있다.

예배는 성스러움을 경험할 수 있는 가장 중대한 방법 중에 하나이다. 그 장소가 1세기의 에베소 지역이든지 또는 우리가 지금 살아가는 21세기이든지 예배라는 요소는 우리로 하여금 성스러운 세계를 여행하는 하나의 묵시적도구이다. 요한묵시록은 예배의 요소인, 노래, 기도, 그리고 성만찬과 같은 성스러운 요소로 우리를 초대한다. 이러한 예배의식을 통해 우리는 하나님의 값없이 주시는 생명을 받는다.

언젠가 그리스 정교회 소속의 한 친구가 거룩한 예배의 이해를 다음과 같이 설명하였던 것을 기억한다. 예배는 천사와 천상의 생물들이 "거룩하시다, 거룩하시다, 거룩하시다"라고 찬미함이 이 땅에 시대를 거듭하여 생겨왔던 성인들과 증인들과 함께 조화를 이루는 것이다. 미래는 요한묵시록에서 전하는 예배라는 매개체를 통해서 현재와 만나고 있는 것이다.

이렇게 하여 요한묵시록은 그 여정의 마지막에 다다르는데, 성령과 신부 새 예루살렘은 모든 사람들을 다음과 같이 초대한다:

> 성령과 신부가 "오십시오!"하고 말씀하십니다. 이 말을 듣는 사람도 또한 "오십시오!"하고 외치십시오. 목이 마른 사람도 오십시오. 생명의 물을 원하는 사람도 거저 마십시오(요한묵시록 22:17).

어떤 성서학자들은 요한묵시록 22:17을 요한 공동체의 예전 적인 대화의 한 부분이었을 것으로 정의한다.[2] 이는 아마도 거룩한 성만찬에로의 초대이며 어린양의 혼인잔치를 미리 맛보는 사랑스러운 도시의 선물이었을 것이다.

사실 우리는 초대교회 교인들이 어떻게 예배했는지 그 구체적인 사항을 자세히 알지는 못한다. 그러나 플리니(Pliny)의 편지에서 우리는 초대교회 교인들이 자신들의 음식을 나누었던 나눔의 공동체였다는 것을 알 수 있다. 요한묵시록을 시작하는 처음부분에 등장하는 "만나"와 마지막 부분에 언급되는 하나님의 생명의 물도 초대교회 공동체의 특성을 엿볼 수 있는 것이라고 할 수 있다.

하나님의 생명의 물로의 초대는 바깥세상으로 향하는 묵시적인 여정을 보여주는 가장 결정적인 예로서, 요한묵시록의 비전이 하늘로 향하는 것이 아니라 땅으로 향하는 것임을 분명히 하고 있다. 요한묵시록의 비전에서 우리는 오랫동안 하늘의 보좌에 어린양과 함께 그곳에 머물러 있는 경험을 한다. 그러나 요한묵시록은 결국 우리가 이 땅으로 다시 돌아오는 것으로 마무리를 짓는다. 마치 1세기의 에베소의 교인들이 요한묵시록의 비전을 보면서 여전히 에베소라는 지역에 살고 있었다는 것을 깨닫고 오즈의 마법사에서 도로시(Dorothy)가 여정에서 깨어난 후 자신이 결코 캔자스의 집을 떠난 적이 없었다는 것을 깨달은 것처럼, 우리는 여전히 21세기 이 세상을 살아가고 있다. 결국 요한묵시록이 보여주는 의미는 비전이다. 비전의 의미는 무엇인가? 비전은 마치 스크루지(Scrooge) 영감이 비전을 통해서 변화된 것처럼 사람을 새롭게 하는 하나님의 방식이다.

에베소의 기독교인들의 공중예배에서 요한묵시록의 비전이 읽혀질 때마다 그들은 그들의 삶을 변화시키는 묵시적인 비전을 경험하였을 것이다. 이 여정은 그들로 하여금 세상을 새롭게 보게 하는 눈을 뜨게 하였을 것이다. 또한 이 여정은 그들을 축복하였을 것이다: "예언의 말씀을 읽는 사람과 듣는 사람과 그 안에 기록되어 있는 것을 지키는 사람은 복이 있습니다. 그 때가 가까웠기 때문입니다"(요한묵시록 1:3). 이제 그들에게 주어진 도전은 하나님의 거룩한 사랑스러운 도시의 이야기에 따라 그들의 전 삶을 성서에 기록되어 있는 대로 살아나가는 것이었다.

에베소의 초대기독교인들이 묵시의 휘장에서 돌아 왔을 때, 그들은 다른 시각으로 그들의 도시를 바라보았을 것이다. 마치 스크루지와 도로시가 그들의 긴 여정에서 깨어났을 때, 그들의 삶이 바뀌고 모든 것이 새롭게 보이는 것과 같은 것이다. 묵시여정 이전에 보았던 좁은 거리의 모양은 달라진 게 없지만, 그들은 이제 그 거리를 가득 매운 하나님의 빛을 보고 있다. 그들은 거리의 한 가운데 서 계시는 어린양을 보고 있다. 땅딸막한 거리의 저 막다른 곳에 치유하시는 하나님의 생명의 나무를 보고 있다. 배고픔으로 울부짖는 어린이의 울음 속에서 하나님의 울음을 보고 있다. 가장 중요한 것은 그들이 지금 하나님의 집을 그들의 삶 한 가운데서 보고 있다는 것이다.

요한묵시록의 비전을 믿는다는 것을 그들에게 참으로 어려운 일이었다. 그러나 묵시여정은 하나님의 보좌가 그들의 삶 한가운데 있다고 에베소의 초대기독교인들을 설득하였다. 이제 그들의 역사관이 바뀌고 있었다. 이것이 오늘 우리가 보는 요한묵시록의 새 예루살렘 비전의 역사관이라고 할 수 있다. 이제 우리는 우리의 삶 한가운데를 가로질러 흘러가는 생명의 강을 본다. 집에서 사무실로 오가는 통근 길에서, 노숙자들의 쉼터로 찾아가는 소리에서, 그리고 교외의 쇼핑몰에서 벌어지는 광경에서 어린양이 그 한가운데 서 계시는 것을 경험하고 있다.

요한묵시록 21-22장의 하나님의 사랑스러운 도시는 우리가 죽은 이후에 들어가는 또는 예수의 재림이후에 발생하는 그런 환상의 도시가 아니다. 이 도시는 세상을 변화시키는 하나의 비전이다. 이 비전은 모든 사람을 치유하시기를 원하시는 하나님의 사랑의 표현이다. 이 비전은 세상을 향한 어린양의 힘이다. 3

새 예루살렘 상상하기!

황금으로 덮인 거리, 진주로 장식한 출입문, 죽음과 눈물이 더 이상 출입하지 못하는 거룩한 도시, 새 예루살렘의 비전은 오랜 시대를 거쳐서 하나님의 사람의 꿈에 대한 양식으로 주어져 왔었다: 성 어거스틴의 "하나님의 도성으로," 미국 흑인들의 영가에서, 요한묵시록의 거룩한 도시는 세상을 치유하고 새롭게 하는 하나님의 사람의 희망의 메시지였던 것이다. 18세기 시인 윌리암 블레이크(William Blake)도 요한묵시록에 깊이 감명을 받았다. 그는 새 예루살렘의 이미지를 영국 산업혁명 당시 무시무시한 비인간화와 끔찍한 공장문화를 비판하는데 사용했다: "예루살렘이 여기 악마 같은 제조공장들 가운데 세워졌는가?... 나는 결코 정신적인 투쟁을 멈추지 않을 것이다... 예루살렘이 영국의 푸른 강산 위에 세워질 때까지."[4] 새 예루살렘 비전은 초대 미국인들의 "언덕 위의 도시"를 꿈꾸게 하였고, 19세기에는 유토피아에 대한 시도를 이끌어 왔다. 역사를 통해서 사람들은 하나님의 거룩한 도시와 이상적인 평화 안에 살기를 소망하여 왔다.

새 예루살렘의 갈망은 미국 흑인들에게 가장 중요한 영성적인 요소 중에 하나다. 그들은 "그들의 황금단화를 강변주위에 담그러 가자"라는 노래 부르기를 좋아한다. 그 강변은 어디에 있는가? 우리가 죽은 이후에 경험하는 강변인가? 우리가 노래 부르는 새 예루살렘은 참으로 먼 곳에 있는가? 흑인노예들이 노래하는 새 예루살렘은 그들의 삶 속에 희망을 주었던 것이었기에, 그 강변은 결코 저 먼 천상에 있는 것이 아니다. 그들이 자유의 강을 건너 진정 자유를 만끽할 수 있는 바로 지금 여기에 존재하는 강이다.

때때로 우리 삶의 지형과 새 예루살렘 지형사이의 대조는 불의한 현실을 비판하는데 강조된다. 마틴 루터 킹 목사는 굶주림과 가난함을 1960년대 새 예루살렘 비전에 대조하였다:

> "젖과 꿀이 흐르는 거리들"을 이야기하는 것은 옳은 일이지만, 하나님은 우리에게 빈민가에 관심을 가지기를 명령하신다. 그리고 하루에 세끼조차 먹을 수 없는 우리의 어린이들에게 관심을 가지기를 명령하신다. 새 예루살렘에 대하여 이야기하는 것은 옳은 일이지만, 하나님의 설교자들은 반드시 뉴욕, 새 애틀랜타, 새 필라델피아, 새 로스엔젤러스, 새 멤피스, 그리고 테네시에 대하여 이야기해야 한다. 이것이 바로 오늘날 우리가 해야만 하는 일이다(Martin Luther King Jr., "I See the Promised Land," April 3, 1968, Memphis, Tennessee [Washington, *A Testament of Hope,* 282]).

풍부한 이미지 창구인 요한묵시록은 새 시카고, 새 오클랜드, 새 툴사를 꿈꿀 수 있는 구체적 대안을 제시한다. 즉 요한묵시록은 우리들의 도시에 대하여 하나님의 긴박한 메시지를 담고 있다. 요한묵시록은 인간이 죽은 이후에 펼쳐지는 하나님의 약속을 이야기하지만, 사실은 현재 우리 인간들이 살아가면서 "무엇을 해야 할지" 대한 이야기이기 때문이다.

나는 종종 사람들에게 자신들의 고향마을이나 도시에 대하여 묻곤 한다. 그리고 마틴 루터 킹 목사가 주장한 새 예루살렘의 의미가 그들의 도시에 어떤 의미를 가지는지 묻는다: "나는 거룩한 도시한 보았다. 하나님의 새로운(당신의 고향마을이나 도시의 이름을 여기에 적용시켜 보라) 하늘에서 내려오고 있다..." 당신이 꿈꾸는 새 도시는 과연 어떤 모습일까? 이것은 독일 신학자 도로티 쵤레(Dorothee Söell)가 묘사했듯이, "하나님의 눈을 대여해서 세상보기"라는 영적이고 신비적인 관측이다. 우리는 우리의 세상을 하나님이 보시듯 보고 있다.[5] 이것이 바로 요한묵시록에 일어난 새 예루살렘의 비전이다.

내가 지금 가르치고 있는 신학교인 시카고 루터란 신학대학원의(Lutheran School of Theology at Chicago)의 한 학생은 동 보스턴의 황폐화 된 지역에 위치한 한 루터란 교회의 교인들과 함께 한 실습이야기를 들려주었다. 그녀의 질문—"새로운 동 보스턴의 모습은 과연 어떤 것일까?"—은 우리 목회현장에서 도시선교(urban ministry)-[Urban ministry라는 말은 산업선교나 노동선교 등의 의미를 포함하고 있고, 외국인 노동자 선교도 이 범주에 속한다고 볼 수 있다]—에서 꿈꾸는 새 예루살렘을 상상하는 하나의 예라고 할 수 있다. 그 학생은 다음과 같이 이야기한다:

> "우리는 도시는 과연 어떤 모습일까? 수요일 저녁 성서공부 시간에 이 질문을 던져보았다... 나는 그들의 대답을 기다릴 수 가 없었다: 악취가 있는 곳, 두려움이 있는 곳; 조직폭력배가 있는 곳... 사람들이 가난과 배고픔으로 울부짖는 곳... 우리의 도시는 과연 찬란하게 빛나는 새 예루살렘과는 거리가 먼 것 같다.
> "그럼 사람들 가운데서 함께 계신다는 하나님의 거룩한 도시는 어디에 있을까?" 나는 다시 이 질문을 던졌다. 성서공부 그룹은 하나같이 그 도시는 이 땅이 아니라 하늘에 있다고 대답하였다. 그들은 하나님의 거룩한 도시는 우리가 죽은 이후에 들어갈 천상의 도시라고 믿고 있는 것이다. 이 땅에서는 도저히 불가능한 도시라는 것이다.
> 그리고 나는 다음 질문을 하였다: "혹시 새 동 보스턴의 모습을 상상해 볼 수는 없을까요?" 한참을 침묵하더니 이런 대답을 하는 것이었다: 새

> 보스턴의 모습은 깨끗한 거리로서 사람들이 안전하게 살 수 있는 공간이다. 싸움도, 마약도, 그리고 화제도 없는 행복한 도시다. 아무도 배고픔으로 시달리지 않고 행복하게 살 수 있는 도시 그것이 새 동 보스턴의 모습이다. 하나님이 바로 그곳에 계시기 때문이다.

베쓰 우토겔마니우(Beth Utto-Gelarneau)는 위와 같은 꿈과 희망이 가장 중요한 것이라고 주장한다. 그녀는 "우리는 거룩한 도시, 더 나은 도시의 모습을 상상하고 지켜 나가야 한다"라고 주장하였다(Beth Utto Gelarneau, New England Synod Lutheran [Worceaster, Mass.: Winter, 1992]).

우리는 우리 도시에서 우리의 마을에 이루어 질 새 예루살렘의 희망을 지속적으로 이야기하고 꿈꾸어 나가야 한다. 이것이 바로 성서가 우리의 삶에 실현되는 경험이다. 이것이야말로 성서의 세계와 우리의 세계를 연결하는 노력이다. 요한묵시록은 폭력적인 붉은 말이 아니라 평화의 새 예루살렘을 우리 시대에 이야기하고 있다. 그리고 이러한 요한묵시록의 비전은 각기 다른 사회적 상황에서 다른 방향으로 실현되기 때문에, 우리는 우리 각자에게 들리는 소명에 귀를 기울여야 한다.

생명 삶의 강

삶의 강은 이 세상을 향한 하나님의 비전을 경험하는 최고의 장소다. 보스턴의 찰스 강(Charles River)의 한쪽 기둥에는 요한묵시록 22장에 등장하는 생명의 강의 이야기를 새겨놓고 있다: "강 양쪽으로 12방식으로 열매를 맺는 생명의 나무들이 뻗어 있다... 그리고 그 나뭇잎들은 민족들과 나라들을 치유하고 있다." 내가 처음 이 글을 처음 봤을 때, 그 웅장함은 말로 표현할 수 없었다. 어떻게 보스턴 사람들은 하나님의 강과 자신들의 강을 이토록 아름답게 연결할 수 있을까? 보스턴은 성서에서 말하는 새 예루살렘은 아니다. 그러나 보스턴의 찰스 강과 성서의 하나님의 강 사이에 신비적인 합일이 일어나고 있음을 느낄 수 있었다. 강의 이름이 무엇이든지—찰스 강이든지, 미시시피 강이든지, 콜로라도 강이든지—성서의 강은 그 근원지가 하나님의 보좌에서 흘러나와서 세상의 구석구석으로 유유히 흐르는 생명의 강이다.

워싱턴 스포켄 교구의 로만 카톨릭 주교인 윌리암 스킬스테드(Bishop William Skylstad)는 북서 태평양으로 흐르는 콜롬비아 강에서 하나님의 생명의 강을 보았다고 하였다. 주교 스킬스테드는 이 땅에 기초를 둔 성스러운 비전의 강이 농부로부터, 과수원지기로부터, 환경주의자로부터, 미국원주민으로부터, 그리고 "성스러움으로 알려진"[6] 콜롬비아 강 유역의 관점으로부터 나온다는 색다른 목회서신을 이야기하고 있다. 이 생태-윤리적인 목회서신은 생태위기로 위태로워진 연어의 목소리를 찾는 것이면서 동시에 콜롬비아 강 유역을 다른 모든 창조물의 안식처로 만들고자 하는 내용이다. "우리의 강은 생명을 부여하는 놀라운 보물의 강이다"라고 주교는 이야기한다.[7]

불행히도, 하나님의 생명의 강이 마르고 있다는 것이다. 시카고에 있는 어떤 사람은 자신이 사는 지역의 시내가 어느 순간에 복개되어 있는 것을 보았다고 한다. 그러나 하나님의 생명의 강은 여전히 우리의 삶 한가운데를 흐르고 있다. 우리의 과제는 그 강의 줄기를 따라 사는 것이라고 할 수 있다.

이렇게 오늘날 우리 시대에 대하여 요한묵시록이 전하는 메시지는 이 세상을 저버리고 다른 세상으로 떠나가는 것이 아니다. 오히려 하나님이 창조하신 세상 한가운데를 가로질러 들어가는 것이다. 우리는 우리의 발

아래로 흐르는 생명의 강의 줄기를 따라 삶을 살아가는 기독교인이다. 요한묵시록의 메시지는 세상 안에 함께 거하시는 하나님의 보좌를 이야기한다. 이렇게 하여 요한묵시록의 역사관은 세상에서 그 끝을 장식한다.

새 예루살렘은 사랑스런 공동체의 비전을 제공하는데, 이 세상은 바로 이런 공동체로 가득 차 있다. 이 비전은 하나님의 소망이기도 하다. 하나님의 어린양은 어떤 개인적인 차원의 소유가 될 수 없고, 공동체가 함께 소유하는, 즉 온 세상이 함께 누리는 하나님의 선물인 것이다. 요한묵시록은 하나님의 생명의 강의 위치가 도시 안에 있음을 강조한다. 캐들린 노리스(Kathleen Norris)는 "하나님은 이 세상을 우리가 상상할 수 있는 신비적인 이미지의 아름다운 세상으로 회복하시기를 원하신다"라고 강조하였다. "이것은 하나의 도시로서, 개인적인 차원을 넘어서서 미국 문화의 나르시스에서 가장 중요한 것이다."[8]

요한묵시록은 우리들에게 짐승의 불의와 폭력에서 "빠져나와" 하나님의 사랑스러운 새로운 세계로 들어올 것을 초대한다. 요한묵시록 18:4 이런 초대는 요한묵시록의 윤리적 명령의 가장 중요한 열쇠이다. 왜냐하면 이 명령은 우리들로 하여금 어린양의 삶을 따라 살기를 명령하기 때문이다. 요한묵시록은 비폭력의 어린양의 힘을 가르치고 있다: 즉 이 세상의 가치관과 다른 신앙의 지형학과 그리고 세상의 치유하는 아름다운 도시의 시민권을 강조하는 어린양의 힘을 가르치고 있다.

묵시적 희망

요한묵시록은 테러나 두려움을 목적으로 기록된 책이 아니다. 그러나 이 세상에 경각심을 일깨워 주기 위해서 쓰인 책이라는 것은 사실이다.

이는 묵시적인 일깨움의 내용으로서 이 세상에 희망이 있다는 것을 강조한다.

희망이라는 말은 요한묵시록이 전하는 가장 깊이 있는 메시지라고 여겨진다. 요한묵시록은 맹렬한 긴박한, 그리고 위대한 희망을 가르치고 있다. 우리는 이 희망이 결코 그렇게 간단하게 이루어지지 않는 것임을 잘 안다.

그러나 이 희망은 어린양의 힘으로 실현된다. 사자의 폭력성을 대치한 연약한 희생의 어린양의 힘은 전쟁과 불의로 점철되는 인류의 역사를 새롭게 만들어 나간다. 따라서 우리의 희망은 다음과 같다: 어린양이 짐승을 이겼고 생명의 강은 그 어린양의 보좌에서 흘러나와 이 온 세상을 새롭게 하고 있다.

요한묵시록의 여정이 우리의 삶을 변화시키는 여정이라고 상상해 보자! 어떤 의미에서 요한묵시록은 우리 시대의 불의를 경고하는 예언적 내용을 이야기하고 있기도 하다. 그러나 사실 요한묵시록은 묵시적인 여정으로서 하나님의 희망의 미래와 구원의 메시지를 전해주고 있다. 한편으로 요한묵시록은 스크루지의 경험처럼 우리인류를 일깨우기 위한 목적이고, 다른 한편으로 어린양의 비폭력의 사랑스러운 힘을 보여주기 위한 목적이다.

요한묵시록의 메시지는 무엇인가? 요한묵시록의 메시지는 세대주의 종말론 역사관은 재고해야 할 위험한 것이다라는 것을 일깨워 준다. 요한묵시록은 피할 수 없는 종말의 휴거를 이야기하지 않는다. 요한묵시록은 우리의 모든 일상에서 어린양을 보고 느껴야 함을 강조한다. 요한묵시록은 기쁨과 치유의 새로운 세상으로 우리를 인도하는 희망의 여정이다. 이는 마틴 루터(Martin Luther)가 주장하였듯이, 마지막 때를 살아간다는 것은 바로 그 마지막 날에 한 그루의 나무를 심는다는 것을 의미한다.

인용구

머리말

1. Paul Ricoeur, "Preface to Bultmann," in *Essays on Biblical Interpretation* ed. Lewis Mudge (Philadelphia: Fortress, 1980), 53.

1 휴거의 파괴적인 공갈협박

1. John Hagee, *From Daniel to Doomsday: The countdown Has begun* (Nashville, tenn.: Thomas Nelson, 1999), 117.
2. Hal Lindsey, *The Rapture: Truth or Consequences* (NY: Bantam Books, 1983), 210.
3. Ibid., 121.
4. Jim Bakker, *Prosperity and the Coming Apocalypse* (Nashville, Tenn.: Thomas Nelson, 1998).
5. Tim LaHaye, *Revelation Illustrated and Made Plain*, rev. ed. (Grand Rapids, Mich.: Zondervan, 1973), 307.
6. 로마서 8:19-24.
7. "Hannity and Colmes," June 20, 2001; quoted in "The wisdom of Anne Coulter," the *Washington Monthly,* October 2001.
8. C. S. Lewis, *The Last Battle* (New York: Macmillan, 1956), 181, emphasis is the author's.
9. 창세기 8:21.
10. From *Narrative of Sojourner Truth: A Bondswoman of Olden Time, With a History of Her Labors and Correspondence Drawn from Her "Book of*

Life," The Schomburg Library of Nineteenth-Century Black Woman Writers (NY: Oxford University Press, 1991), 168.

11. 고린도후서 1장 20절을 참고하라: "하나님의 모든 약속은 그리스도 안에서 모두 '예'가 됩니다. 그러므로 그리스도 안에서 우리는 '아멘'하면서 하나님께 영광을 돌리는 것입니다."
12. Gerard Manley Hopkins, "God's Grandeur," in John F. thornton and Susan B. Varenne, eds., *Mortal Beauty, God's Grace: Major Poems and spiritual Writings of Gerard Manley Hopkins* (NY: Random House, 2003), 21.
13. Tim LaHaye and Jerry Jenkins, *The Remnant: On the Brink of Armageddon*, vol. 10 of *Left Behind* series (Wheaton, Ill.: Tyndale House Publishers, 2003), 252, 277.
14. Paul Boyer, *When Time Shall Be No More: Prophecy Belief in American Culture* (Cambridge, Mass: Harvard University Press, 1990), 97. 전천년주의자들은 요한묵시록 20장을 문자적으로 이해한다. 그러나 신약성서 어디에서도 예수가 천년동안 예루살렘을 다스린다는 내용은 찾을 수 없다.
15. Ibid., 97; quoting nineteenth-century preacher Nathaniel West, *Premillenial Essays*.
16. Ibid., 95.
17. Randall Balmer and Michael Maudlin, "The Left Behind Books," slate.com book Club, June 20, 2002, 2; http://slate.msn.com/id/2000179.
18. LaHaye and Jenkins, *The Remnant,* 94.
19. Ibid., 180.
20. Ibid., 45-46.
21. Pablo Richard, *Apocalypse: A People's Commentary on the Book of Revelation* (Maryknoll, NY: Orbis, 1995).
22. *Letter of Pliny the Younger* 10.96; trans. Eugene Boring, *Revelation* (Interpretation Commentaries; Louisville, Kent.: John Knox Press, 1989), 14-15.

2 꾸며낸 이야기로서의 휴거

1. Tim LaHaye and Jerry Jenkins, *Left Behind: A Novel of Earth's Last Day*, vol. 1 of Left Behind series (Wheaton, Ill.: Tyndale House Publishers, 1996), 126.

2. Dave MacPherson, *The Rapture Plot*, 2nd ed. (Simpsonville, S.C.: Millennium III Publishers, 2000).
3. Boyer, When Time Shall Be No More, 248 and 346 n. 23. 팀 라헤는 마가렛 멕도날드가 설명하는 휴거에 대해 반박한다. 자세한 사항은 다음을 참조하라: LaHaye, *The Rapture: Who Will Face the Tribulation?* (Eugene, Ore.: Harvest House Publishers, 2002), 173-187.
4. Dave MacPherson,"The End is Not Near," *The Door Magazine*, September/October 2001, 13.
5. Lindsey, *The Rapture: Truth or Consequences*, 58.
6. Ibid., 3-4.
7. LaHaye, The Rapture: *Who will Face the Tribulation?*, 43.
8. 헬 린지는 "솔직한 감정"을 "훌륭한 해석"이라고 정의한다. 그는 "솔직한 감정은 성서를 해석하는데 있어서 가장 중요한 것으로서 성서의 모든 내용을 문자적으로 솔직히 읽고 해석해야 한다"고 주장한다. *The Late Great Planet Earth*, 40.
9. Hagee, *From Daniel to Doomsday*, 41.
10. Tim LaHaye with Steve Halliday, *The Merciful God of Prophecy: His Loving Plan for You in the End Times* (NY: Warner Books, 2002), 143; emphasis is the author's.
11. Hagee, *From Daniel to Doomsday*, 41.
12. Martin Marty, "Peddlers of the Ultimate Axis of Evil," *Context*, February 15, 2003, 6.
13. *Charting the End Times* is the tile of one of LaHaye's other books (Wheaton, Ill.: Tyndale House Publishers, 2002).
14. Lindsey, *The Rapture: Truth or Consequences*, 7.
15. LaHaye, *The merciful god of Prophecy*, 155.
16. LaHaye and Jenkins, *Left Behind*, 209.
17 Ibid., 210.
18. LaHaye, The Rapture: *Who Will Face the Tribulation?* 41.
19. 데살로니가 사람들은 아마도 그리스도가 재림할 때, 그들의 가족이 무덤에 남겨있을까 봐 두려워하였는지도 모른다. 그러나 바울은 무덤에서 잠자는 모든 자가 일어나 그리스도를 만날 것이라고 역설한다(데살로니가 전서 4:16).
20. 수수께끼 같은 이미지에 대해서는 다음을 참조하라: LaHaye, *The Rapture: Who Will Face the Tribulation?* 135.
21. Lindsey, *The Merciful God of Prophecy*, 161.

22. Lindsey, *The Rapture: Truth or Consequences*, 37.
23. Catholic Conference of Illinois Bishop's Statement on *Left Behind* books and videos, June 24, 2003. For full text see www.zenit.org.
24 LaHaye, *The Merciful God of Prophecy*, 139.
25. 다니엘서 9장 27절에는 적그리스도가 1주간의 계약을 맺는다는 이야기를 찾을 수 없다. 26절이 제시하는 것은 "기름부음 받은 자"이지 결코 세대주의 종말론자들이 말하는 것과는 일치하지 않는다.
26. http://www.leftbehind.com, "Frequently Asked Questions."
27. LaHeye and Jenkins, *Left Behind*, 312.
28 Gray DeMar, *End Times Fiction: A Biblical Consideration of the Left Behind Theology* (Nashville, Tenn.: Thomas Nelson, 2001), 44.
29. Ibid., 32.
30. Craig Hill, In God's Time: *The Bible and The Future* (Grand Rapids, Mich.: Eerdmans, 2002), 207.
31. Pat Robertson, *The End of the Age* (Dallas, Tex.: Word Books, 1995).
32. Wolf Blizer, *Jerusalem Post*, Oct. 28, 1983; quoted in Landau, "The President and the Bible: What Do the Prophets Say to Our Time?" *Christianity and Crisis*, Dec. 12, 1983, 474.
33. Boyer, *When Time Shall Be No More*, 142.

3 중동의 관점에서 보는 휴거문서

1. 요한묵시록 21-22장.
2. Ibid, 55-56.
3. 참조. Tim LaHaye and Jerry Jenkins, *Are We Living in the Endtimes?* (Wheaton, Ill.: Tyndale House Publisher, 1999), 128-129.
4. Randall Price, *The Coming Last Days Temple* (Eugene, Ore.: Harvest House, 1999), 271-273.
5. 요한묵시록 11:19; 15:5.
6. Lindsey, *The Late Great Planet Earth*, 56.
7. Grace Halsell, *Forcing God's Hand: Why Millions Pray for a Quick Rapture- And Destruction of Planet Earth* (Beltsvulle, MD: Amana Publications, 1999).
8. Gershom Gorenberg, *The End of Days: Fundamentalism and the Struggle for the Temple Mount* (N Y: Oxford University Press, 2000).

9. Ibid, 11.
10. "Zion's Christian Soldiers," *Sixty Minutes*, October 6, 2002; http://cbsnews.com/stories/2002/10/13/60minutes/main524268.html.
11. Gorenberg, *The End of Days*, 240.
12. 참조. Charles M. Sennott, *The Body and The Blood: The Middle East's Vanishing Christians and the Possibility for Peace* (New York: Public Affairs, 2001), 33
13. Halsell, *Forcing God's Hand*, 59.
14. Timothy Weber, "How Evangelicals Became Israel's Best Friend," *Christianity Today* 42 (1998). See also Gary Burge, *Whose Land? Whose Promise? What Christians Are Not Being Told About Israel and the Palestinians* (Cleveland, Ohio: Pilgrim Press, 2003).
15. Richard Mouw, "How to Bless Israel," Beliefnet, http://www.beliefnet.org/story/106/story_10688_2.html, accessed May 31, 2002.
16. David Dolen, *Israel in Crisis: What Lies Ahead?* (Grand Rapids, Mich.: Fleming H. Revell Co., 2001).
17. So Danielle Haas, "U. S. Christians Find Cause to Aid Israel: Evangelicals Financing Immigrants, Settlements," *San Francisco Chronicle*, July 10, 2002.
18. 1949년 8월 12일 제네바 회의와 1977년 UN의 국제군제 문제에 대한 의정서를 참조하라. http://www.unhchr.ch/html/menu3/b/93.htm.
19. 자세한 사항은 the International Crisis Group 홈페이지를 참조, http://www.intl-crisisgroup.org/home/index/cfm?id=2384&l=1.
20. the Nusseibeh/ Ayalon의 처원서는 다음 홈 페이지를 참조하라: http://www.mifkad.org/documents/peoplesvice.htm. See also official Web site, http://www.mifkad.orgil/eng.
21. 자세한 사항은 다음 홈 페이지를 참조하라: http://www.cfoic.com.
22. BBC Radio, "Analysis: America's New Christian Zionists," May 7, 2002.
23. Nancy Gibbs, "Apocalypse Now," *Time*, July 1, 2002, 42.
24. CNBC "Hardball," May 1, 2002; for transcript, see http://www.counterpunch.org/armey0502.html.
25. 유대인에 대한 미국 루터교회의 선언서를 참조. 선언서에 따르면 1994년 4월 18일에 다음과 같이 말한다: "루터의 글에서 우리는 반 유대교 혹평을 본다. 16세기 루터의 주변 사람들이 그러했듯이, 우리는 루터의 이러한 반 유대교적 악평에 동의하지 않는다. 오히려 우리는 더 나아가서 루터의 반 유대적

악평에 유감을 표한다." http://www.elca.org/ea.
26. "Zion's Christian Soldiers," *Sixty Minutes*, Oct. 6, 2002.
27. Amy Johnson Frykholm, *Rapture Culture*: Left Behind in *Evangelical America* (NY: Oxford University Press, forthcoming 2004).
28. Munib Younan, *Witnessing for Peace in Jerusalem and the World* (Minneapolis, Minn.: fortress Press, 2003).
29. 참조. Yehezkel Landau, "Blessing Both Jew and Palestinian: A Religious Zionists View," The Christian Century, December 20-27, 1989; "Healing the Holy Land: Interreligious Peacebuilding in Israel/Palestine" (Washington, DC: U.S. Institute of Peace, 2003); www.usio.org/peaceworks/ pwks51.pdf.
30. 자세한 Dalia의 이야기와 정보를 위해서 다음 홈 페이지를 참조하라: http://www.friendsofopnehouse.org.

4 예언과 묵시

1. "The Revelation Revolution Keeps on Spinning," *Minneapolis Star-Tribune*, April 5, 2003.
2. Martha Himmelfarb, *Tours of Hell: An Apocalyptic Form in Jewish and Christian Literature* (Philadelphia, Penn.: Fortress Press, 1981).
3. Barbara Rossing, *The Choice Between Two Cities: Whore, Bride, and Empire in the Apocalypse* (Harrisburg, Penn.: Trinity Press International, 1999).
4. Landau, "The President and the Bible," 474.
5. Elizabeth Schüssler Fiorenza, *Revelation: Vision of a Just World* (Minneapolis, Minn.: Fortress Press, 1991).
6. Tim LaHaye and Jerry Jenkins, Soul Harvest: *The World Takes Sides*, vol. 4 of *Left Behind* (Wheaton, Ill.: Tyndale House PUblishers, 1999), 33.
7. Ibid., 63.
8. http://www.leftbehind.com. "Interpreting the Signs: Current Events Foretold in Scriputre... And What They Mean" (June/July 2003).
9. LaHaye and Jenkins, *Armageddon*, 350.
10. LaHaye and Jenkins, *Nicolae*, 327.
11. Ibid., 136.
12. Kathleen Norris, *Introduction to Revelation*, Pocket Canon Series (New York: Grove Press, 1999), 11.

13. LaHaye and jenkins, *Soul Harvest*, 410.

5 여정이 시작되다: 승리에 대한 로마의 숭배

1. Clifford Ando, *Imperial Ideology and Provincial Loyalty in the Roman Empire* (Berkerley, Calif.: University of California Press, 2000), 280.
2. *Coins of the Roman Empire in the British Museum*, vol. 2, 47.
3. Bill Jobling, "The Aqaba-Ma'an Archaeological and Epigraphic Survey 1988-90," *Syria* 70 (1993), 244.
4. 요한묵시록 18:13. 이 부분은 신약성서에서 유일한 노예제도에 대한 비난이다.
5. Amanda Claridge, *Rome: An Oxford Archaeological Guide* (NY: Oxford University Press, 1999), 118.
6. Steven Friesen, *Imperial Cults and the Apocalypse of John: Reading Revelation in the Ruins* (NY: Oxford University Press, 2001).
7. Ward Ewing, *The Power of the Lamb: Revelation's Theology of Liberation for You* (Cambridge, Mass.: Cowley Press, 1990), 19.

6 어린양의 힘

1. David Barr, *Tales of the End: A Narrative Commentary on the Book of Revelation* (Santa Rosa, Calif.: Polebridge Press, 1998), 3.
2. David Barr, "Towards an Ethical Reading of the Apocalypse," *Society of Biblical Literature 1997 Seminar Papers* (Atlanta, GA: Scholars Press, 1997), 361.
3. 2 Esdras, 11-12.
4. Daniel Erlander, personal communication with the author.
5. Testament of Joseph 19:8을 보면 동정녀에서 태어난 "흠없는 어린양"을 소개하는데, 아마도 이것은 후대 기독교인들의 해석으로 보인다. H C. Kee, "Testaments of the Twelve Patriarchs: A New Translation and Introduction," in James H. Charlesworth, ed., *The Old Testament Pseudepigrapha: Apocalyptic Literature and Testaments*, vol. 2 (NY: Doubleday, 1983), 824. 유사한 측면에서 데이빗 오니(David Aune)는 "유대교의 관점에서는 결코 어린양이 메시야가 될 수 없다"고 주장한다: *Revelation 1-5*, Word Biblical Commentary 52a (Dallas, Tex.: Word Books, 1997), 353.

6. 요한묵시록 14:1-4에 말하고 있는 144,000이라는 숫자는 여호와 증인이 주장하는 끔찍한 측면에서 이해될 수 없다. 이 숫자를 문자적으로 해석해서는 안된다. 아마도 이 숫자의 의미는 많은 수의 사람을 상징하는 것으로 이스라엘의 12부족을 지칭하는 것일 수도 있다.
7. Richard, *Apocalypse: A People's Commentary*, 117.
8. Christine LeMogignan, *Following the Lamb: A Reading of Revelation for the New Millenium* (London: SCM Press, 2000).
9. Ewing, *The Power of the Lamb*, 198.
10. Ibid., 109; 2001년 11월 미국 덴버에서 열린 성공회 성서학회를 참조.

7 비폭력: 요한묵시록에 있는 정복의 의미

1. LaHaye and Jenkins, *Soul Harvest*, 414.
2. John Howard Yoder, *The Politics of Jesus* (Grand Rapids, Mich.: Eerdmans, 1972), see especially chapter 12, "The War of the Lamb."
3. Richard, *Apocalypse: A People's Commentary*, 33 and 74.
4. Lindsey, *The Late Great Planer Earth*, 173-174.
5. David Barr, "Towards an Ethical Reading of the Apocalypse," 362.

8 요한묵시록의 출애굽 이야기

1. Richard, *Apocalypse: A People's Commentary*, 86.
2. Elisabeth Schussler Fiorenza, *Revelation: Vision of a Just World*, 72.
3. Ibid., 73.
4. Schüssler Fiorenza, *Revelation: Vision of a Just World*, 72.
5. Tina Pippin, *Death and Desire: The rhetoric of Gender in the Apocalypse of John* (Louisville, Ken.: Estminster, 1992)를 참고하라.

9 어린양 공중납치: 신의 분노와 전쟁중독

1. John Hagee, *From Daniel to Doomsday*, 239.
2. Ibid., 239.
3. Lindsey, *The Late Great Planet Earth*, 169. The "main event" is the

chapter title.

4. Tim LaHaye and Jerry Jenkins, *Are We Living in the End Times?* (Wheaton, Ill.,: Tyndale House Publishers, 1999), 228.
5. Hagee, *From Daniel to Doomsday*, 217.
6. Carl McIntire, *Christian Beacon*, June 24, 1965; quoted in Halseell, *Forcing God's Hand*, 36.
7. Chris Hedges, *War Is a Force That Gives Us meaning* (New York: Public Affairs, 2002), 89.
8. 요한묵시록 18:23.
9. Chris Hedges, interview on Now with Bill Moyers, PBS Television, March 7, 2003. http://www.pbs.org/now/transcript/transcript_hedges.html.

10 거꾸로 된 휴거: 세상을 새롭게 하기 위한 하나님의 비전

1. Lindsey, *The Late Great Planet Earth*, 169.
2. Juso Gonzales, *For he Healing of the Nations: The Book of Revelation in an Age of Cultural Conflict* (Maryknoll, NY: Orbis, 1999), 59.
3. Richard, *Apocalypse: A People's Commentary*, 67.
4. C. S. Lewis, *The Last Battle*.
5. "천국주의"(Heavenism)라는 말은 Norman Habel에 의해 도입된 용어다. 그의 책 *The Earth Bible*(Sheffiled, England: Sheffield Academic press) 중 "땅에 대한 성서"라는 논문을 참고하라. In *Readings from the Perspective of the Earth*, ed. Norman C. Habel(Sheffield, England: Sheffield Academic Press, 2002), 24-27.
6. "위대한 변혁을 통한 자각,"(Remaining Awake Through a Great Revolution) March 31, 1968, in James M. Washington, ed., *A Testament of Hope: The Essential Writings and Speeches of Martin Luther King, Jr.*(San Francisco, Calif.: Harper San Francisco, 1968), 277-278.
7. 에스겔 47장.
8. 바바라 로씽의 다음 논문을 참조하라: "River of Life in God's New Jerusalem: An Eschatological Vision for Earth's Future," in Rosemary Radford Ruether and Dieter Hessel, eds., *Christianity and Ecology* (Cambridge, Mass.: Harvard University Press; Center for World Religions, 1999), 205-224.
9. Dieter Georgi, "Die Visionene vom Himmelischen Jerusalem in Apk 21 u

22," in Dieter Lührmann and Georg Strecke, eds., *Kirche: Frestschrift für Günther Bornkamm* (Tübingen, germany: Mohr/Siebeck, 1980), 369.
10. 요한복음 7:37-39.
11. 참조. Larry Rasmussen, "Trees of Life," in *Earth Community Earth Ethics* (Maryknoll, NY: Orbis, 1994), 195-219.

11 예배의 신비적인 여정(The Mystical Journey of Worship)

1. Annie Dillard, *Pilgrim at Tinker Creek*(NY: Perennial, 1988), 33.
2. Ugo Vanni, "Liturgical Dialogue as a Literary Form in Revelation," New Testament Studies 37 (1991), 360.
3. Ward Ewing, 176.
4. William Blake, "Milton," in Alfred Kazin, ed., *The Portable Blake* (NY: Viking Portable Library, Penguin, 1946), 412.
5. Dorothee Sölle, *The Silent Cry: Mysticism and Resistance* (Minneapolis, Minn.: Fortress Press, 2001), 293.
6. "The Columbia River Pastoral Letter Project," www.columbiariver.org.
7. William Skylstad, "The Waters of Life," in Brian Doyle, ed., *God is Love: Essays from Portland Magazine* (Minneapolis, Minn.: Augsburg Fortress Publishers, 2002), 82.
8. Kathleen Norris, Introduction to *Revelation,* Pocket Canon Series (NY: Grove Press, 1999), 12.

찾아보기

미국의 중동정책과 묵시 종말론

요한묵시록의 희망 이야기

지은이 | 바바라 로씽
옮긴이 | 김명수, 김진양
펴낸이 | 나중식

초판1쇄 인쇄 | 2009년 2월 10일
초판1쇄 발행 | 2009년 2월 20일

출판등록 | 1985년 1월 28일 제카7-44호
펴 낸 곳 | 경성대학교출판부
주 소 | 부산광역시 남구 대연동 110-1
전 화 | (051) 620-4355, 4356
팩 스 | (051) 623-7803
홈페이지 | www.ks.ac.kr/~press

잘못된 책은 구입하신 서점에서 바꾸어 드립니다.

ISBN 978-89-7314-199-9 (03230)